사색의 숲에서 건져 올린
1,000개의 아포리즘

삶이
나를
깨울 때

삶이 나를 깨울 때

초판인쇄	2024년 11월 13일
초판발행	2024년 11월 18일
지은이	김주수
발행인	조현수
펴낸곳	도서출판 더로드
기획	조용재
마케팅	최관호 최문섭
편집	이승득
디자인	오종국 (Design CREO)
주소	경기도 파주시 광인사길 68, 201-4호
물류센터	경기도 파주시 산남동693-1 1동
전화	031-925-5364, 031-942-5366
팩스	031-942-5368
이메일	provence70@naver.com
등록번호	제2015-000135호
등록	2015년 06월 18일

정가 17,000원
ISBN 979-11-6338-471-7 03180

when life wakes me up

Aphorism

사색의 숲에서 건져 올린
1,000개의 아포리즘

삶이
나를
깨울 때

김주수 지음

도서
출판 더 로드
The Road Books

아포리즘은 아주 짧은 글입니다.
하지만 아포리즘의 눈과 귀와 가슴은
결코 작지 않습니다.

현재 시간을 잃어버리면 모든 시간을 잃는다.

-윌리엄 기니 베넘-

이 책은 저의 세 번째 아포리즘 작품집입니다. 『내 영혼의 조각보』와 『나를 깨우는 천 개의 생각』과 마찬가지로 이 책 또한 천 개의 아포리즘으로 직조되었습니다. 이 모든 글은 제 절실한 체험과 생각에서 싹이 트고 자라난 것들입니다. 저는 아포리즘의 숲에서 사색을 하고, 아포리즘의 공방에서 철학을 빚는 이가 되고자 했습니다. 무수한 생각의 돌로 만리장성을 쌓듯, 저는 아포리즘을 쌓고 쌓아 내 사유의 성을 만들고자 했습니다.

살다 보면 삶이 의식의 문을 두드리듯, 나를 깨울 때가 있습니다. 그럴 때 나는 생각의 원석을 캐어내어, 사색으로 다듬고 가공하여 아포리즘을 생산해 냈습니다. 삶이 나를 깨우듯, 때론 내가 삶을 깨웁니다.

마찬가지로 글이 나를 깨우고, 내가 글을 깨웁니다. 이 책은 이렇듯 '삶과 나와 생각과 글'이 하나로 어우러지고 호응하면서 탄생했습니다.

아포리즘은 아주 짧은 글입니다. 하지만 아포리즘의 눈과 귀와 가슴은 결코 작지 않습니다. 예컨대 동양 철학의 중요한 고전의 하나인 『논어』 또한 고작 500여 개의 아포리즘으로 되어 있습니다. 노자의 『도덕경』도 81편의 아포리즘으로 되어 있습니다. 중요한 것은 글의 길이가 아니라, 글 속에 담긴 사유의 깊이와 가치일 것입니다. 저는 아포리즘만으로 자신의 사유를 마음껏 표현할 수 있으며, 웅대한 철학을 자기 세기의 갈피에 새길 수도 있음을 믿습니다.

간디는 "신은 코란을 가장 거룩한 장소에 두면서 마음은 더러운 곳을 헤매는 그런 사람을 기뻐하지 않을 것이다."라 하였습니다. 많은 책을 읽었다 하더라도, 마음이 맑아지지 않는다면, 의식이 고양되지 않는다면 그것이 무슨 가치가 있을까요. 마찬가지로 많은 글을 썼다 하여도, 그것이 나를 살리고 타인을 살리는 것이 되지 못한다면 그것이 무슨 가치가 있을까요.

오랜 시간 사색의 숲에서 건져 올린 이 아포리즘들은 저의 이상을 담은 글이자, 제가 제 자신에게 주는 당부와 다짐의 말이자, 다른 사람들과 널리 나누고 싶은 이야기였습니다. 내 사유의 이정표이자 영혼의 디딤돌이며, 삶의 지향점과 같은 것이 아닐까 합니다.

저는 삶이 내게 일깨워준 것들로 가슴으로 쓰는 절실한 글을 쓰고 싶었고, 진정(眞情)이 최대한 많이 담긴 글을 쓰고 싶었습니다. 허나 누구에게나 삶과 글이 온전히 일치하기는 생각처럼 쉽지 않습니다. 글은 늘 높은 이상과 가치를 좇아가지만, 나의 언행과 현실은 그만큼 따라가기가 쉽지 않기 때문입니다. 그럼에도 글을 쓰는 이는 자신의 글 앞에 늘 진실해야 할 것이고, 그 기준으로 늘 자신의 삶을 매섭게 되돌아봐야 할 것입니다. 이것은 모든 저자가 가지는 무겁고도 가혹한 책무일 것이요, 작가만이 가질 수 있는 아름다운 소명이기도 할 것입니다.

앎은 자신이 알고 있는 세계가
불완전하고 불충분하다는 깨달음에서 출발한다.
-배철현-

아포리즘은 실로 제게 사색의 정원에 핀 언어의 꽃과 같은 것이었습니다. 꽃은 쉽게 시들지만, 말의 꽃은 그보다 생명이 훨씬 더 오래갈 것입니다. '나의 말들은 어디로 날아가 세상에 무슨 싹을 틔울까?' 저는 이 아포리즘들이 민들레 홀씨처럼 세상 곳곳으로 날아가 독자들의 영혼 속에서 다양한 생각의 꽃을 피우는 다채로운 꽃씨 같은 것이 되기를 바랍니다. 그렇게 된다면 그 씨앗에서 또 다른 좋은 것들이 많이 자라날지도 모르니까요!

나이가 들수록 과거의 과오와 어리석음이 더 선명하게 느껴지는 듯합니다. 지천명의 나이에서 아쉬움과 회한이 가득한 눈으로 쉼 없이 흘러가는 삶의 강물을 바라보게 됩니다. 삶의 여정은 누구에게나 쉽지 않은 일인 것 같습니다. 제게도 삶이 너무 버겁거나 외로울 때가 많았습니다. 깊은 어둠 속에서 홀로 빛을 찾고자 헤맸던 적이 많았습니다. 삶의 굽이 어디쯤에서 누구에게나 그런 시간과 마주하는 순간이 있을 것입니다. 영혼의 허기처럼 외롭고 힘들 때, 이 책이 독자에게 세상을 건너가는 작은 시간의 뗏목이 되어주기를 바랍니다. 그때 내 영혼은 시간의 강물을 따라 이 뗏목과 함께 고요히 타인의 눈과 귀와 가슴에 스며서 아름다운 여행을 하게 될 것이니!

2024년 7월
취루재에서 **김주수** 드림

오랜 시간 사색의 숲에서 건져 올린 이 아포리즘들은 저의 이상을 담은 글이자, 제가 제 자신에게 주는 당부와 다짐의 말이자, 다른 사람들과 널리 나누고 싶은 이야기였습니다. 내 사유의 이정표이자 영혼의 디딤돌이며, 삶의 지향점과 같은 것이 아닐까 합니다.

C O N T E N T S

사랑이란 상대라는 거울을 통해
내가 보지 못했던 내면의 빛을 얻는 일이자,
그 빛을 통해 삶의 길을 비춰보는 일이다.

제 1 장

사랑/행복
Love/Happiness

사랑/행복
Love/Happiness

1

진실하라, 어제보다 조금 더!

사랑하라, 내일보다 지금 더!

2

진짜 인생이란 자신을 극복한 이후부터 시작되는 것이다.

진짜 사랑이란 자신을 넘어선 이후부터 시작되는 것이다.

3

삶의 중심을 잘 잡는다는 것은

언제 어디서나 '사랑' 안에 머문다는 뜻이다.

사랑이 영혼의 중심이자, 삶의 중심이기 때문이다.

4

사랑은 이해와 공감의 양에 따라 커지거나 작아지고,

이해와 공감은 경청과 배려의 양에 따라 커지거나 작아진다.

5

우리가 사랑하는 것도 우리의 일부가 되지만,

우리가 미워하는 것도 우리의 일부가 된다.

우리의 마음에 담긴 것은 모두 우리의 일부이자 실체가 된다.

6

사랑은 시간을 향기롭게 하는 향수와 같다.

사랑 없이 산다는 것은 인생을 시든 꽃밭으로 만드는 것이다.

7

사랑은 계산하지 않는다.

계산하지 않는 사랑만이 유일한 '사랑'이다.

사랑이 계산되어지는 모든 것보다 가치 있는 것은 바로 이 때문이다.

8

세상을 움직이는 참된 용기는 세상을 사랑하는 데서 나온다.

세상을 움직이는 최고의 힘은 타인으로까지 확장된

넓고 큰 사랑인 것이다.

9

사랑은 인생을 비추는 가장 밝은 거울이요,

진실함은 인생을 비추는 가장 맑은 거울이다.

10

햇빛이 없는 곳에는 밝음이 없듯이
사랑이 없는 곳에는 정의가 없다.
사랑이 곧 궁극의 정의이기 때문이다.

11

지상의 모든 사람은 오직
사랑을 받기 위해 태어난 사람이자,
사랑을 주기 위해 태어난 사람이다.
둘 중에 하나만 부실해도 온전한 사람이 되기는 어렵다.

12

사랑으로 가는 수많은 길이 있다.
하지만 그보다 더 중요한 사실은
사랑 그 자체가 모든 것으로 통하는 길이라는 점이다.

13

자신을 사랑하려면 세상도 사랑해야 한다.
그렇지 않으면 세상을 사랑하지 않는 마음속에
늘 자신을 두어야 하기에 끝내 자신조차 온전히 사랑할 수 없게 된다.

14

우리는 사랑의 기쁨을 체험하기 위해 태어났다.

이것이 삶의 궁극의 목적이자 가치다.

사랑을 실천하는 것과 그 속에서 얻어지는 기쁨이

모든 것 위에 있는 최상의 가치여야 하는 이유이다.

15

나를 그리워하는 사람이 많다는 것은

내가 누군가에게 그만큼 가치 있는 사람이 되었다는 반증이다.

생에 이보다 더한 성취와 영광이 어디 있으랴.

16

나무는 뿌리가 아니라 꽃과 열매로 평가받는다.

사랑은 출발한 자리가 아니라 도달한 자리로 평가받는다.

17

내가 사랑하는 사람의 수와

나를 사랑하는 사람의 수가

내 삶의 질량과 가치를 대부분 결정한다.

18

사랑에도 색깔이 있다.

사랑에도 온도가 있다.

사랑에도 날개가 있다.

사랑에도 음영이 있다.

19

여백이 있는 사랑은

서로에게 숨 쉴 수 있는 공간을 준다.

사랑의 여백은 친밀감과 자유로움 사이로 가는 오솔길을 열어준다.

20

물결은 햇살로 인해 더욱 빛나고,

햇살은 물결로 인해 더욱 아름다워진다.

사랑은 진실로 인해 더욱 빛나고,

진실은 사랑으로 인해 더욱 아름다워진다.

21

진실함은 사랑의 뼈요,

친밀감은 사랑의 살이요,

이해심은 사랑의 혈액이다.

22

사랑이란 상대라는 거울을 통해

내가 보지 못했던 내면의 빛을 얻는 일이자,

그 빛을 통해 삶의 길을 비춰보는 일이다.

23

모든 만남에도 온도가 있고,

모든 행동에도 온도가 있다.

그 온도에는 속일 수 없는 마음의 진실이 깃들어 있다.

24

내 진실과 네 진실을 합치면 무엇이 될까?

내 사랑과 네 사랑을 합치면 무엇이 될까?

우리 삶의 빛과 음영은 전부 이것으로 만들어진다.

25

누군가를 깊이 사랑하면

그의 꿈이 나의 꿈이 되고,

그의 성공이 나의 성공이 되고,

그의 슬픔이 나의 슬픔이 된다.

사랑은 두 마음을 자웅동체로 만든다.

26

사람을 사람답게 하고, 삶을 삶답게 하는 것,

그 중심에 사랑이 있다.

사랑은 삶의 목적이자 수단이며, 가장 확실한 미래다.

27

사랑에는 항상 설렘이라는 그림자가 따라다니고,

꿈과 이상에는 항상 기대라는 그림자가 따라다닌다.

28

사랑은 위에 있거나 혹은 아래에 있지 않다.

사랑은 왼쪽에 있거나 혹은 오른쪽에 있지도 않다.

사랑은 위와 아래, 왼쪽과 오른쪽 그 모든 것을 아우른다.

정녕 그러하지 않고서야 어찌 그것을 '사랑'이라고 이름하랴.

29

사랑이 우리를 저버리는 경우는 없다.

우리가 사랑을 저버리는 경우가 있을 뿐!

진실이 우리를 제외하는 경우는 없다.

우리가 진실을 제외하는 경우가 있을 뿐!

30

지상 그 어디에도 완벽한 인간은 없다.

그것이 그 사람이 사랑받아야 할 이유이고,

또 우리가 사랑해야 할 이유이다.

우리는 누구나 서로 사랑으로 그 부족한 부분을 채워야 한다.

31

사랑은 어디에나 있다.

문제는 그것을 얼마나 발견하느냐,

얼마나 내 것으로 만드느냐에 있다.

그것은 오직 내가 사랑으로 눈 뜨는 만큼,

사랑으로 거듭나는 만큼만 얻어진다.

32

마음을 낼 수 있다면

사랑은 어디서든 무한 복제가 가능하다.

그것이 사랑의 본질이자 위대함이다.

33

사랑이란 마치 펌프의 마중물과 같다.

사랑의 심연에 닿으려면

조금이라도 내가 먼저 시작해야 하고, 내가 먼저 주어야 한다.

34

사랑의 그늘은 이해하는 사람의 마음속에 제일 먼저 깃들고,

천국의 그늘은 감사하는 사람의 마음속에 제일 먼저 깃든다.

35

우리는 누구나 우리 안에 있는 무한한 사랑을

단지 일부만 사용하고 죽는다.

그래서 우리는 누구나 자신의 진면목을 보지 못하고 죽는다.

36

사랑은 매 순간의 죽음이자, 매 순간의 탄생이다.

사랑의 숨결과 생명력은 늘 새로움을 일깨운다.

37

세상에 허물이 가장 적은 사람은 만인을 자신처럼 사랑하는 사람이다.

세상에 과오가 가장 많은 사람은 자신을 위해 만인을 이용하는 사람이다.

38

내가 만나는 모든 사람은

'사람을 사랑하는 법'을 일깨워주기 위해

내 앞에 나타난 다양한 스승과도 같다.

39

사랑은 주고도 아까워하지 않는 마음이다.

그래서 잃고도 잃은 것이 없이 더 커지는 마음이다.

40

사랑의 속삭임은

지상에 있는 우리에게 천국의 귀를 가져다준다.

그것은 가장 깊고, 가장 은은하고, 가장 아름다운 울림이다.

41

두 사람의 사랑은 균형 잡힌 천칭과 같아야 한다.

한쪽이 기울 때 한쪽이 무게 중심을 잘 잡아주어야 한다.

사랑의 무게는 오직 서로 연계될 때만 만들어지는 것이기 때문이다.

42

사랑 안에선 모든 관계가 수평적 관계가 된다.

사랑 안에선 누구도 자신을 높이려 하지 않기 때문이다.

자신을 높이려 하는 것은 사랑이 아니라 에고의 우월감일 뿐이다.

43

사랑은 겸허함을 따라 자라고,

겸허함은 사랑을 따라 자란다.

비우지 않고 커지는 사랑의 그릇은 없다.

44

사랑의 근원은 우리의 가슴에 있다.

우리의 가슴이 세상 모든 사랑의 기원이다.

사랑이란 우리 모두의 생명의 기원을 발견하고 연결시키는 일이다.

45

진실은 언제나 정직 곁에 있다.

사랑이 언제나 진실 곁에 있듯이.

진실이 없는 사랑은 빛을 잃은 거울과 같다.

46

결혼은 유지해야 하는 관계가 아니라

유지하고 싶은 관계가 될 때 온전한 것이다.

47

소설은 끝까지 다 읽어야

그 속에 담긴 의미를 알 수 있듯,

사랑의 페이지는 그 끝을 보아야 그것의 진실을 안다.

48

우정은 마음의 더하기요,

사랑은 마음의 곱하기다.

삶에 이 두 가지가 있어야만

영혼의 빛과 온도에 더하기와 곱하기가 이루어진다.

49

삶을 온전케 하는 진리는 항상 간단명료하다.

사랑과 진실 이 두 저울만으로

모든 것의 모든 것을 가늠할 수 있다.

50

우리는 누구나 주위 사람들에게 어떤 영향을 주거나 받는다.

행복이란 좋은 영향을 주고받는 것에 지나지 않다.

서로 좋은 영향 주고받을 수 있다면 행복은 절로 따라 올 것이다.

51

행복은 자신이 좋아하는 것과 자신이 잘하는 것 사이에 있고,

사랑은 내가 좋아하는 사람과 나를 좋아하는 사람 사이에 있다.

52

불행은 불행의 눈높이로 세상을 보는 법을 알게 하고,

행복은 행복의 눈높이로 세상을 보는 법을 알게 하고,

사랑은 사랑의 눈높이로 세상을 보는 법을 알게 한다.

53

조건 없는 수용과 사랑 속에서만

모든 불만족의 그림자가 지워진다.

완전한 행복이란 오직 완전한 수용과 사랑 속에 있는 것이다.

54

행운은 성실한 사람을 좋아하고,

성공은 꾸준한 사람을 좋아한다.

행복은 따뜻한 사람을 좋아하고,

축복은 나누는 사람을 좋아한다.

55

지금이 아니면 언제 행복할 시간이 있겠는가.

지금이 아니면 언제 사랑할 시간이 있겠는가.

지금이 아니면 언제 실행할 시간이 있겠는가.

지금이 아니면 언제 '다시없을 이 순간'을 온전히 누릴 수 있겠는가.

56

내가 가질 수 있는 사랑은 오직 내 '사랑의 폭'만큼이다.

내가 가질 수 있는 행복은 오직 내 '마음의 폭'만큼이다.

내가 가질 수 있는 인생은 오직 내 '실행의 폭'만큼이다.

57

행복은 포옹과 같다.

그 대상이 무엇이든

그것을 따뜻하게 껴안아야만 하기 때문이다.

58

자기 자신과의 관계, 그것이 그 삶의 플롯을 결정한다.

행복과 불행이란 이 플롯을 채워주는 배경 이야기에 지나지 않는다.

59

만나고 싶은 사람이 되는 것,

함께하고 싶은 사람이 되는 것,

이보다 좋은 관계의 기술도 없지만,

이는 행복한 삶의 필수 과제이기도 하다.

60

타인과의 비교에서 느껴지는 행복이 있고,

그 무엇과도 비교하지 않고 느껴지는 행복이 있다.

중요한 것은 전자는 제한적이고 후자는 무제한적이라는 점이다.

61

자신을 사랑하는 법을 찾은 이는

행복해지는 법을 찾은 사람이다.

타인까지 사랑하는 법을 찾은 이는

함께 행복해지는 법을 찾은 사람이다.

62

인생에서 가장 중요한 일은 스스로가 행복해지는 것이고,

그 행복을 타인과 나누는 것이다.

다만 이 두 가지는 언제나 둘이면서 하나처럼 연동해야 한다.

63

미소 짓는 습관이 없이는

누구도 행복의 오솔길을 걸어갈 수가 없다.

'미소 짓는 마음'은 행복의 그림자와 같으므로!

64

매 순간 행복해지려면 매 순간을 사랑해야만 한다.

매 순간을 사랑하려면 매 순간을 긍정해야만 한다.

순간과 순간을 행복으로 채우는 비결은 오직 이것밖에 없다.

65

자신을 조절할 수 있는 능력은

행복을 조절할 수 있는 능력과 정비례한다.

모든 행복은 자신의 마음과 행동을 조절하는

능력에서 비롯되기 때문이다.

66

행복은 좋은 관계 속에 있고,

불행은 안 좋은 관계 속에 있다.

행복과 불행에 대한 모든 담론은

단지 이것에 대한 폭넓은 주석일 뿐이다.

67

행복한 이들은 다들 뛰어난 삶의 균형감각을 가지고 있다.

그들은 생각이 극단적이지 않으며,

마음이 한쪽으로 치우쳐져 있지 않다.

삶의 균형감각이란 생각의 유연성이며, 열려 있는 마음이요,

깨어있는 의식이다.

68

개인의 행복은 반드시 타인의 행복과 연결되어 있어야 한다.

그런 행복만이 지속 가능하고 삶의 가치를 더하는 행복이 된다.

행복은 어디까지나 파문처럼 안에서 밖으로 번져가는 것이다.

69

행복도 우리 안에 있고, 불행도 우리 안에 있다.

우리 안에 없는 것은 우리가 느낄 수도, 창조할 수도 없다.

우리는 우리 내면세계의 유일한 창조주요, 관리인이다.

70

인생에서 가장 중요한 문제는 '감정'을 잘 다루는 일이다.

행복도 불행도 오직 자신의 감정에 복종하기 때문이다.

71

이 세상은 즐기는 자와 배우는 자들의 것이다.

행복한 자와 현명한 자들은 대부분 이들 속에서 나온다.

72

감동할 줄 아는 마음, 감사할 수 있는 마음은

생의 어느 길목에서든 행복의 씨앗을 더 많이 찾아낸다.

마음을 열지 못하면
세상에 열 수 있는 게 아무것도 없다.
온 세상이 열리는 시작점은
다름 아니라 그 가슴속에 있다.

제 2 장

마음/치유
Mind/Healing

73

내 안엔 세 가지 '나'가 있다.

내가 아는 나, 내가 잘못 알고 있는 나,

내가 아직 모르는 미지의 나!

74

사막에도 별이 뜨고, 바다에도 별이 뜨고,

밀림에도 별이 뜨고, 산정에도 별이 뜬다.

이렇듯 세상 어느 곳이든 별이 뜨지만

유일하게 별이 뜨지 않는 곳이 딱 하나 있다.

그곳은 희망과 믿음을 잃어버린 사람의 마음속이다.

75

언제 어디서든 자기 불신만큼 깊은 삶의 늪은 없다.

그것은 삶의 테두리를 의심과 불안으로 가득 채운다.

76

삶을 긍정하는 것은

천명을 이해하는 첫 번째 계율이다.

그것 없이는 끝내 삶을 껴안을 수도 없고,

숨겨진 삶의 의미를 발견할 수도 없기 때문이다.

77

부정적인 생각만큼 자신에게 해로운 것은 없다.

그것은 아무것도 볼 수 없도록 마음의 전원을 끄는 것과 같다.

78

모든 마음의 치유는 이해와 수용의 관점에서 시작된다.

그런 시각에서만 껴안을 수 없었던 것을 껴안을 수 있고,

내려놓을 수 없었던 것을 온전히 내려놓을 수 있기 때문이다.

치유는 어떤 경우든 가장 깊은 이해와 전면적인 수용을 지향한다.

79

내가 내 감정을 부정하는 것은 모든 자기부정의 시작점이다.

자신을 사랑한다는 것은 모든 감정을 온전히

수용하는 것으로부터 시작된다.

바다가 물로 이루어져 있듯 내 내면은 감정으로 이루어져 있으므로.

80

마음의 폭이 더 커지는 것,

그래서 껴안을 수 없었던 것을 껴안을 수 있는 것,

그것으로 마음이 평온해지는 것, 이것이 모든 치유의 본령이다.

81

나의 가치와 소중함은 내가 태어날 때 이미 완성되었다.

그것은 언제나 내 생명과 존재 자체에 있는 것이기 때문이다.

고로 나는 그 어떤 경우에도 나의 가치와 소중함을 잃지 않는다.

82

자신을 사랑하지 못한다는 것은

내가 내 편이 되지 못한다는 뜻이다.

내가 내 편이 되지 못한다는 것은

삶에 내 편이 되어 줄 모든 것을 잃는 것과 같다.

83

모든 사람 안에는 치유의 천사가 들어 있다.

내면의 천사는 자신을 있는 그대로 수용하고 사랑할 때 깨어난다.

내가 나로부터 있는 그대로 사랑받을 때,

내가 나로부터 거부당하거나 버려지지 않을 때!

84

자신을 사랑하는 것은 곧 신을 사랑하는 것이다.

우리는 모두 그 하나의 근원으로부터 나왔기 때문이다.

자신을 사랑하는 것은 곧 만인의 근원을 사랑하는 일과 같다.

84

조건 없이 수용하고 사랑한다는 것은

조건 없이 책임진다는 것과 같은 것이다.

이는 가장 주체적인 행위이자 가장 아름다운 마음이다.

85

마음이 무거우면 몸도 따라서 무거워진다.

몸이 지치면 따라서 마음도 치친다.

마음은 몸의 일부요, 몸은 마음의 일부다.

86

마음이 편안하면 천국 아닌 곳이 없고,

마음이 불편하면 지옥 아닌 곳이 없다.

마음이 바로 천국과 지옥을 만드는 유일한 질료이기 때문이다.

87

부정적이고 암울한 생각만큼 자신에게 해로운 독소는 없다.

삶의 독소를 가장 많이 만들어 내는 이는 바로 자기 자신이다.

88

마음은 가동이 멈춘 적이 없는 창조의 공장이다.

마음은 언제나 자신과 꼭 닮은 삶의 현실을 끊임없이 창조하는 법이다.

89

마음을 열지 못하면

세상에 열 수 있는 게 아무것도 없다.

온 세상이 열리는 시작점은 다름 아니라 그 가슴속에 있다.

90

내 마음은 내가 만든 것이지만

그 마음이 다시 나를 모든 곳으로 이끌고 간다.

내 마음은 내가 창조한 세계이지만

나는 일생 그 세계 속에서 한순간도 벗어나지 못한다.

91

내 마음은 오직 그 속에 담은 것을 따라 움직이듯이

내 운명은 오직 내가 선택하고 집중한 것을 따라 움직인다.

92

누구의 가슴에나 무지개가 있다.
하지만 그 무지개는 슬픔을 이긴 희망과 사랑이
마음을 지나갈 때만 생겨난다.

93

같은 경치도 다르게 느껴질 때가 있듯
같은 글도 다르게 느껴질 때가 있다.
마음의 빛과 음영이 달라지면 삶의 모든 경계가 달라진다.

94

인생이 어디에 어떤 순간에 놓여있든
내면의 상처는 밖으로 난 가지를 만드는 법이다.

95

자신의 상처로부터 완전히 자유로워지기 전까지
자신의 마음으로부터 완전히 자유로워지는 사람도 없고,
자신의 인생으로부터 완전히 자유로워지는 사람도 없다.

95

자기의 감정을 있는 그대로 이해하고 존중하는 것이

곧 나 자신을 있는 그대로 이해하고 존중하는 길이다.

자기애와 자존감은 자기감정에 대한 이해와 존중에서 시작된다.

96

구원은 자신을 조건 없이 사랑할 때 이루어진다.

이 외의 어떤 구원도 진짜 구원일 수가 없다.

자기 안에 없는 것은 그 어떤 것도 온전한 구원일 수가 없기 때문이다.

97

진정한 자존감은 '비교하지 않는 나' 속에만 있다.

나를 그 무엇과도 비교하지 않을 때,

나는 그 무엇과도 비교할 수 없는 존재가 된다.

나에게 나는 가장 소중한 존재이므로 나의 가치는 언제나 절대적이다.

98

자기 마음의 어둠을 포용할 때만

우리는 빛으로 나아갈 수 있다.

삶의 모든 빛은 내 마음의 어둠을 딛고 오는 것이다.

99

타인을 품으려는 이는 먼저 자기 마음부터 품어야 한다.

타인을 사랑하려는 이는 먼저 자기 마음부터 사랑해야 한다.

모든 세계는 내가 이끌고 온 내 마음으로부터 시작되므로!

100

내가 나를 끝까지 기다려주는 게 자기수용이다.

내가 나에게 끝까지 기회를 주는 게 자기사랑이다.

이는 끝까지 나에 대한 수용과 사랑을 포기하지 않는 길이므로.

101

사람은 자신을 사랑하는 만큼만

자신의 삶 또한 사랑할 수 있다.

그것은 둘이 아니라 하나이기 때문이다.

삶은 자기수용과 사랑을 배워가는 지난한 과정이다.

102

자존감이 낮은 사람일수록

타인의 눈으로 자신을 보고,

타인의 사랑으로 자신을 확인한다.

내 안이 결핍되어 있기에 내 밖에서 답을 구하는 것이다.

103

자존감이 낮은 사람은 어디서든 평온할 수가 없다.

자신이 '자신'을 온전히 끌어안지 못한 불안정의 상태이기 때문이다.

104

내가 나를 어떻게 대하는가가 곧

삶이 나를 어떻게 대하는가를 결정짓는다.

삶은 내가 나를 대하는 방식으로 나를 대하기 때문이다.

105

상처가 하루아침에 생긴 게 아니듯이

치유도 하루저녁에 이루어지는 게 아니다.

치유는 영혼이 온전한 자유를 배워가는 깨어남의 과정이다.

106

자기 안에 두려움을

다 지운 사람만이 진정한 자유인이다.

두려움에 얽매여 있다면

그는 그만큼 두려움의 포로일 것이므로!

107

치유란 삶의 불완전함과 화해하는 일이요,

불완전함 속에 있는 나의 완전함을 이해하고 받아들이는 일이다.

108

내가 생각하는 내 이미지도 실체가 아니고,

타인이 생각하는 내 이미지도 실체가 아니다.

나란 존재의 실체는 늘 '이미지' 너머에 있기 때문이다.

109

자기 자신을 깊이 이해할 수 있는 사람도 드물고,

자기의 삶을 깊이 이해할 수 있는 사람도 드물다.

그것은 나를 넘어선 시야를 얻어야만 가능한 일이기 때문이다.

110

심장은 진실이 아닌 것은 받아들이지 않는다.

심장이 우리 영혼의 중심인 것은 바로 이 때문이다.

111

모든 것에 감사할 수 있는 마음은

모든 것을 수용하고 사랑하는 마음에서 나온다.

모든 것에 감사하는 마음은 자신이 자신에게 주는 찬란한 축복이다.

112

나를 슬프게 하는 것들이

나를 살리게 하는 빛으로 전환하는 때가 있다.

내가 슬픔을 품어 안을 때,

슬픔이 나를 깊어지게 하는 질료임을 이해하게 될 때.

113

오직 조건 없는 수용과 사랑만이

진정한 자신을 만나게 한다.

이는 조건으로 걸러지고 소외되는 나가 아니라

있는 그대로의 나를 만나게 하는 유일한 길이기 때문이다.

114

열등감이 자존감이 아니듯 우월감도 자존감이 아니다.

자존감은 자신을 다른 그 무엇과도 비교하지 않는 용기다.

그것은 자기 자신의 절대적 가치에 대한 온전한 자각이다.

115

자존심은 나를 내세우는 자기 긍정이지만,

자존감은 나를 내세우지 않는 자기 긍정이다.

자존심은 비교할 게 있는 나에 대한 것이지만,

자존감은 비교할 게 없는 나에 대한 것이기 때문이다.

116

자존심은 비교와 우열에서 나오지만,

자존감은 비교와 우열을 버리는 데서 나온다.

자존심은 조건적이고 상대적인 것에 가치를 두지만,

자존감은 무조건적이고 절대적인 것에 가치를 둔다.

117

오로지 자신으로 존재할 수 있는 용기 없이는

누구도 자신으로 존재하는 기쁨 또한 맛볼 수 없다.

118

인생에서 가장 중요한 일은

자신을 사랑하는 법, 타인을 사랑하는 법,

그리고 그것을 바탕으로 삶을 사랑하는 법을 배우는 것이다.

119

마음이 따뜻하지 않으면 겸손할 수가 없고,

겸손하지 않으면 마음이 넓을 수가 없다.

자신을 내세우려 하거나 높이려는 마음은

자기 쪽으로 쏠려 있어서 따뜻할 수도, 넓을 수도 없다.

120

삶에서 가장 불행한 일은 자기 자신에게 버림받는 것이다.

자신을 사랑하지 못하는 것보다 더 불행한 일은 없다.

그것은 자기 안에 빛과 온기를 다 잃어버리는 일과 같다.

121

나를 살게 하는 것은 무엇인가?

그것은 자신에 대한 깊은 이해와 수용과 믿음과 사랑이다.

이것만이 반딧불처럼 내 안에서 빛을 밝힐 수 있게 한다.

122

탁월한 이들은

열정과 자신감과 자긍을 잃지 않는 기질이 있다.

자신에 대한 건강한 믿음과 의지 없이 탁월해지는 사람은 없다.

123

사람은 누구나 크고 작은 착각 속에 살아간다.

자신의 고착된 사고가 '착각'임을 자각할 때마다

삶은 거대한 미몽에서 조금씩 깨어난다.

124

내가 나 자신을 더 많이 받아들이게 될 때,

내가 나 자신을 더 많이 만날 수 있게 된다.

그럴 때 삶엔 절로 균형이 생기고 내면은 더 평온해진다.

125

시간은 때로 그 어떤 선생도 가르치지 못하는 것을 가르친다.

시간은 보다 긴 마음의 시야와 관조의 순간을 주기 때문이다.

126

외로움의 시간은

외로움을 온전히 체험해 볼 수 있는 기회이자,

외로움을 완전히 극복해 볼 수 있는 기회이다.

127

마음의 공간은 이해와 수용을 통해 확장된다.

내가 나 자신을 사랑할 수 있는 폭과

내가 타인을 포용할 수 있는 범위는 오직 그 공간만큼이다.

128

누구든 진정으로 나를 사랑하는 사람은

나의 결과가 아니라 나의 꿈과 그 과정 자체를 지지하고 존중한다.

사랑은 결과가 아니라 모든 과정 속에 함께하는 법이다.

129

자기 과시욕은

다른 사람의 인정과 평가에 얽매여 있다는 반증이다.

이는 내면의 목마름이자 공허함이며, 자존감 부족의 허세다.

130

슬픔이 나를 붙잡고 있는 게 아니라

내가 슬픔을 붙잡고 있는 것이다.

회한이 나를 붙잡고 있는 게 아니라

내가 회한을 붙잡고 있는 것이다.

내가 붙잡고 있는 것이 고착이 되어

내가 도리어 그것에 붙들려 있는 것이다.

131

큰 배를 운전하려면 배에 대해서 잘 알아야 하듯

삶을 운전하려면 자기 자신에 대해서 잘 알아야 한다.

자신을 잘 이해하지 못하면 결코 인생 항해가 순탄할 수 없다.

132

자립은 정신적 직립보행의 첫걸음이다.

자기 삶의 길은 그 누구도 대신 걸어줄 수가 없다.

삶의 길에선 내가 걸어가는 만큼이 오직 나의 길이다.

133

자신을 객관적으로 보지 못하는 사람은

끝내 자신의 실체를 제대로 보지 못한다.

객관적 시각이 없으면

자신의 객관적인 전체 맥락을 전혀 보지 못하기 때문이다.

134

나의 모든 행동이 곧 확실한 나의 미래다.

내가 했던 모든 행동이

조금도 빠짐없이 나의 과거와 현재를 만들었듯이.

135

청춘은 영혼에 깃든 푸르고 싱싱한 봄이다.

그 봄을 생의 한 철로 끝내는 사람도 있고,

그 봄을 생의 시간 동안 반복해서 맞이하는 사람도 있다.

136

많은 경험을 해봐야

자신이 무엇을 좋아하는지,

무엇을 좋아하지 않는지를 알 수 있다.

폭넓은 경험은 나를 발견케 하는 좋은 거울이다.

137

피해의식은 가장 빠져나오기 어려운 생각의 미로다.

그 미로 속에서는 억울함과 증오밖에 만날 수 없다.

피해의식은 모든 성장과 평안과 행복을 다 가로막는다.

138

힘든 상황을 '가치 있는 것'으로 바꿀 수 있는 이는

반드시 성장할 수밖에 없고,

그런 성장이 반복되면 성공할 수밖에 없다.

대부분의 성공은 힘든 상황을 어떻게 극복했는지에 따라 결정된다.

139

자신의 단점이란 항아리에 난 금과 같다.

항아리에 구멍이 있으면 물은 그쪽으로 셀 수밖에 없다.

우리 각자가 하나씩 가진 삶이라는 항아리도 이와 마찬가지다.

140

자신의 단점과 부족함을 다 자각하는 것은 쉽지 않지만

그러한 자각은 성장과 변화의 좋은 발판이 된다.

이 문제가 해결되지 않으면 삶의 모든 평균은 낮아질 수밖에 없다.

141

눈 위에 다른 눈이 쌓이듯

치유되지 않은 상처는 반드시

그 위에 새로운 상처를 덧씌우는 법이다.

142

성장통은 아이들에게만 있는 것이 아니다.

고통을 극복하고 자신의 마음을 키워가는 모든 **순간**이 성장통이다.

우리 삶이 시들부들 시들어가는 것은 성장통이 **멈추었기 때문이다.**

143

절망할 필요가 없는데 절망하는 것, 그것이 '진짜 절망'이 된다.

지나친 낙담이나 섣부른 체념은 자신이 만든

생각의 수렁이자 질곡이다.

그것은 자신의 부정적인 생각에 자신 스스로가 완전히 속은 것이다.

144

내 상처를 다 알아줄 사람,

내 심정을 다 이해해 줄 사람은 세상에 없다.

누구나 온전히 '치열한 고독' 속에서 서야 한다.

그런 고독이라야 어디서도 흔들림 없는 자생의 힘을 얻는다.

145

잊어야 할 것을 잊지 못하는 것은 얽매임이요,

잊지 말아야 할 것을 잊는 것은 어리석음이다.

잊어야 할 것을 잊는 것은 자유로움이요,

잊지 말아야 할 것을 잊지 않는 것은 현명함이다.

146

자신을 대하는 태도와 삶을 대하는 태도,

이 두 가지가 삶의 거의 모든 것을 결정한다.

태도란 곧 자신과 삶을 만나는 특정한 방식인 까닭에!

147

생계를 해결하는 능력보다 더 앞서는 과제는 없다.

경제적 자립은 정신적 자립이요, 삶의 자립이며,

자신이 원하는 삶의 길로 안내하는 첫 번째 관문이다.

148

천변만변의 다양한 세상사에 휘둘리지 않고 내 길을 가려면
내가 기꺼이 따를 수밖에 없는 확고한 '삶의 가치'를 찾아야 한다.
그것은 공허하고 엄혹한 세상에서
정확한 삶의 길과 꺼지지 않는 등불을 얻는 일과 같다.

149

마음속에서 굴리면 굴릴수록
눈덩이처럼 커지는 것이 두 가지 있다.
하나는 상처와 걱정이요, 또 하나는 사고력과 상상력이다.

150

참나무가 대나무가 되려는 일은 헛되고,
대나무가 참나무가 되려는 일도 헛되다.
나는 그저 '나'라는 나무가 되는 데 최선을 다해야 한다.
나에겐 하늘에 내게 준 나만의 가치와 소명이 있을 것이므로!

151

부모를 수용하는 것은 곧 나 자신을 수용하는 첫걸음이다.
그것은 내 생명의 근원을 수용하는 일이요,
내 삶의 뿌리를 내 존재의 기반으로 긍정하는 일이기 때문이다.

152

자식이 부모님의 가슴에 박은 못은

부모님이 돌아가신 후

그 자신의 가슴에 고스란히 박히는 법이다.

153

부모께 불효한 것을 후회하는 이는 수없이 많아도

부모께 효도한 것을 후회하는 이는 세상에 없다.

생사의 경계에서 인간으로서 불효만큼 후회되는 일은 없다.

154

호수 안의 모든 물결이 서로 연결되어 있듯이

내 안의 모든 마음도 서로 연결되어 있다.

아울러 우리의 모든 마음도 서로 연결되어 있다.

세상 모든 것은 늘 우리 마음의 물결로 출렁인다.

155

분노와 증오는 인생의 시간을 짧게 만들고,

기쁨과 사랑은 인생의 시간을 길게 만든다.

인생에 되새기고 싶은 순간이란 기쁨과 사랑의 시간들뿐이다.

156

가슴에 남았던 사람을 헤아려 보라.

자기 가슴속에 남는 사람이 많다는 것은

그만큼 인생을 잘 살았다는 증거다.

그것은 생의 여정에서 좋은 사람을 많이 만났다는 뜻이며,

그 가치와 의미를 기억한다는 뜻이다.

157

문제를 직면하고 해결하는 것!

이것이 행복으로 가는 최상의 방법이다.

직면하고 해결하지 않으면 아무것도 달라지지 않는다.

이것은 모든 자유가 시작되는 최고의 출발점이다.

158

분별을 잘하는 것은 '분별을 잘하는 지혜'가 되고,

분별을 하지 않는 것은 '분별을 하지 않는 지혜'가 된다.

다만 이러한 두 가지 지혜를 온전히 체득하려면

언제 분별해야 하고, 언제 분별하지 말아야 할지를 잘 알아야 한다.

159

새로운 미래도 언제나 오직 지금부터요,

첫 번째 미래도 언제나 오직 지금부터요,

유일한 미래도 언제나 오직 지금부터다.

160

몸으로 드러나는 어떠한 자세나 태도는

그 사람의 정신 상태를 그대로 비춰주는 거울과 같다.

몸과 마음은 항상 서로 연결되어 있기에

마음으로 몸을 바로 세울 수도 있지만,

몸으로 마음을 바로 세울 수도 있다.

161

후회의 눈물은 오직

그 눈물이 만들어진 가슴 속으로만 떨어진다.

162

내 의식이란

내 삶의 기원이요, 모든 것의 근본 원인이다.

하지만 그것은 내 생애의 저녁에

내가 얻게 될 삶의 궁극의 결과물이기도 하다.

163

바다를 썩지 않게 하는 것이 소금이라면

인생을 썩지 않게 하는 것은 자제력이다.

164

아무리 깊은 우물도 바닥이 있기 때문에 물이 고인다.

사람 또한 누구에게나 삶의 정신적 바닥이 있다.

그것은 자신이 지키는 것이자, 자신을 지켜내는 삶의 원칙이다.

165

자신과 타인을 대하는 잘못된 방식,

인생과 세상을 대하는 잘못된 방식······

잘못된 방식은 필연적으로 부조화를 만든다.

누구의 삶이든 생의 불행을 만드는 근본 원인은 대부분 여기에 있다.

166

절망과 좌절을 딛고 일어선 사람은

그 누구보다 다른 이들에게 희망의 존재가 된다.

그것엔 실증이라는 근거가 있고, 극적인 스토리가 있기 때문이다.

167

모든 괴로움은 욕망에 대한 좌절 때문에 생긴다.

때문에 모든 욕망에서 초연한 것만이

생의 모든 고락(苦樂)으로부터 벗어나는 유일한 길이 된다.

168

100살을 살아도 아직 경험해 본 적이 없는
어떤 일은 항상 남아 있기 마련이다.
이는 우리 삶에서 무언가 새로운 것을 해볼 기회가
끝없이 항상 존재한다는 뜻이다.

169

느슨하게 늘어져 있는 악기 줄은
아무 소리도 낼 수 없다.
탄력이 없는 마음이나 정신도 이와 마찬가지다.

170

새로운 자신을 알기 위해선
자신이 아닌 것과 끊임없이 만나야 한다.
'나 밖의 것'을 만날 때,
내 안엔 '수없이 많은 나'가 존재함을 알게 된다.

171

그 가슴속에 의연함과 담대함이 없는 사람은
크고 작은 인생의 풍파에
시시때때로 마음이 흔들리는 것을 피할 길이 없다.

172

실패와 과오를 딛고서 더 현명해지고 더 강해지는 것!

나를 도와줄 지상의 지원군 중에 이보다 더 좋은 것은 없다.

173

현실을 바꾸는 가장 빠른 방법은

현실을 바라보는 시각을 바꾸는 것이고,

그다음은 그 시각을 따라 부지런히 움직이는 것이다.

174

자기 가슴에 닿는 말은 기도 아닌 기도와 같다.

자기 영혼을 움직이는 글은 계시 아닌 계시와 같다.

175

첫 단추를 잘못 끼우면 나머지 단추도 계속 잘못 끼우게 된다.

인생의 첫 단추는 나와 나 자신과의 관계다.

176

자신의 마음이 오목거울이거나 볼록거울이면

어디서든 좋을 사람을 만나기가 쉽지 않을 것이다.

그 마음에는 제대로 비춰질 것이 많지 않을 것이므로.

177

삶의 모든 시간은 '현재'를 받아들이는 법을 배우는
더없이 완벽하고 소중한 기회이다.
삶의 모든 순간은 '나'를 사랑하는 법을 배우는
더없이 완벽하고 소중한 기회이다.

178

모든 고립은 의식의 고착에서 나온다.
모든 자유가 의식의 고착 너머에서 나오듯이.

179

사회인이 되는 것도 중요하지만,
자연인이 되는 것도 그 못지않게 중요하다.
사람은 세상 모든 시각과 구속에서 자유로울 수 있어야 하기 때문이다.

180

의식은 오직 자신과 닮은 것만을 보고 듣고 접하고 담는 법이다.
의식 수준이 낮은 것이
모든 무지의 근본이자, 모든 불행의 근원인 까닭이다.

181

시간은 언제나 나의 무수한 선택들로 흘러간다.
하여 인생은 언제나 나의 무수한 책임들로 채워진다.

182

우리가 누릴 수 있는 삶의 자유는 단 두 가지뿐이다.

자신의 마음을 선택할 수 있는 자유,

자신의 마음으로부터 자유로워질 수 있는 자유.

183

성찰과 계획은 시간의 덧셈이요,

안일과 태만은 시간의 뺄셈이다.

184

깨어있는 마음은

현존의 열쇠요, 진리의 나침반이다.

깨어있는 마음만이 모든 진리를 물려받는다.

185

내 안엔 아직 내가 만나지 못한 '나'가 있다.

내가 만나지 못한 '나'가 없을 때,

오직 그때서야 삶을 충실히 삶답게 살았다고 말할 수 있다.

186

자신의 삶을 수용하지 못하면 삶 자체가 악몽이 된다.

죽을 때까지 결코 깨지 못하는 거대한 미몽이 된다.

삶이 악몽과 미몽이 되지 않는 길은 깨어나는 길밖에 없다.

187

세 개의 시계바늘도 서로 협조하지 않으면 아무 쓸모가 없다.

몸과 마음과 영혼이

하나로 잘 조율되어야 하는 이유도 이와 마찬가지다.

188

마음은 바늘 없는 낚싯대와 같다.

하지만 그것은 어디서나 삶의 모든 것을 낚는다.

189

새로운 생각, 새로운 만남, 새로운 경험은

내 생의 시간이 거듭나는 순간들이다.

그런 순간들은 때 묻은 나의 시간과 나의 빛깔을 씻어준다.

190

치유는 자유의 날개다.

희망은 성장의 날개다.

비전은 인생의 날개다.

사랑은 영혼의 날개다.

이는 나를 새로운 곳으로 데려다주는 날개다.

191

씨앗이 깨어져야 새싹이 자라나고,

알이 깨어져야 새 생명이 탄생한다.

'기존의 나'가 깨어져야 '새로운 나'가 태어난다.

스스로 자신을 깰 수 있는 사람만이

삶의 좋은 변화와 새로운 세상을 만날 수 있다.

193

정신세계의 너비는 경험 이후에 오고,

정신세계의 깊이는 고뇌 이후에 온다.

194

열정으로 거듭나 보지 않고서 자신의 가치를 어찌 알겠는가!

사랑으로 거듭나 보지 않고서 인생의 가치를 어찌 알겠는가!

진리로 거듭나 보지 않고서 하늘의 섭리를 어찌 알겠는가!

195

모든 이들로부터 이해받는 것보다

내가 나 자신으로부터 이해받는 것이 더 중요하다.

그러한 이해는 스스로를 껴안을 뿐 아니라

늘 나 자신을 따라다닐 것이므로.

196

세상의 모든 질서는 마음이 바로 선 이후에 이루어진다.

세상의 모든 정의는 진실이 앞에 선 이후에 이루어진다.

197

이해는 수용과 사랑이 솟아 나오는 마음의 샘이다.

그 샘이 고갈되면 영혼의 목마름을 피할 길이 없다.

198

영혼은 마음의 빛을 담는 그릇이다.

하지만 그 빛은 내면의 어둠까지 수용할 때, 더욱 빛난다.

199

열려 있는 마음은 세상 어느 곳에서든 모든 미덕의 어머니가 된다.

열려 있는 마음은 '이해와 존중과 수용과 소통'에 기초하기 때문이다.

200

물에 빠져 죽은 사람보다

자기부정에 빠져 죽은 사람이 훨씬 더 많다.

201

용서 없이는

그 누구도 화평한 마음으로 인생을 살아갈 수 없다.

참회 없이는

그 누구도 온전한 마음으로 자신을 만날 수 없는 것처럼!

202

생각해야 할 것을 생각하지 못하는 것이 첫 번째 어리석음이요,

고쳐야 할 것을 고치지 못하는 것이 두 번째 어리석음이요,

할 수 있는 것을 하지 못하는 것이 세 번째 어리석음이다.

203

생각의 고착은 마음의 덫이다.

모든 자아는 이 덫에 갇힌다.

204

부정적인 생각은 어떤 상황보다도 더 자신을 끌어내린다.

가장 부정적인 상황이란 곧 가장 부정적인 생각 속에 있는 것이다.

205

부정적인 생각을 많이 하면 인생 자체가 악몽이 된다.

부정적인 생각은 반드시 깨어나야 할 거대한 '자아의 악몽'이다.

206

잘못된 생각만큼 나를 괴롭게 하는 게 없고,

어두운 마음만큼 나를 힘들게 하는 게 없다.

인생에 이보다 더 크고 위험한 자발적 연막은 없다.

207

좋은 신념과 원칙을 가지는 것은

배에 평형수가 채워져 있는 것과 같다.

그것은 어디서든 삶이 기울지 않게 중심을 잡아준다.

208

과거를 바꿀 수는 없으나

과거에 대한 생각을 바꿀 수는 있다.

과거에 대한 해석이 바뀔 때,

그것은 그 전과는 분명 다른 과거가 된다.

209

마음에도 폭이 있고, 생각에도 폭이 있다.

인격에도 폭이 있고, 인생에도 폭이 있다.

210

마음이 무너지면 삶의 모든 것이 무너진다.

우리는 마음으로 살고 있고, 마음 안에서 살고 있기 때문이다.

마음은 삶의 모든 것이 담기는 유일무이한 자아의 별천지다.

211

내가 내 생각을 자유자재로 선택할 수 있고 또 바꿀 수 있는 능력,

그것이 모든 자유와 지혜의 시작점이다.

이는 생각의 하인이 아니라 생각의 주인이 되는 일이기 때문이다.

212

잘못된 생각은 하나의 족쇄다.

잘못된 신념은 하나의 미로다.

213

생각엔 강한 중독성이 있다.

생각은 필연적으로 자신에 대한 집착과 고착을 낳는다.

어떤 경우든 생각의 중독이 모든 중독의 기원이다.

214

고뇌는 성장의 촉진제다.

성장하지 않는 사람은

대개 '뜻깊은 고뇌'가 없는 사람들이다.

215

나이와 함께 성장하는 사람이 있고,

성장 없이 나이만 먹는 사람이 있다.

삶에서 그 무엇보다 더 중요한 것은 영혼의 성장이다.

그것이 삶의 성적표이자, 삶의 이유이기 때문이다.

216

관점의 고착이 사유의 고착을 낳듯이

관점의 확장이 사유의 확장을 낳는다.

자신의 관점에 집착하는 것은 시야가 작아지는 지름길이다.

217

시간에도 고유의 향기가 있고 무늬가 있다.

하지만 그 향기와 무늬를 만드는 것은

오직 지금 이 순간의 내 마음으로부터 시작된다.

218

성숙이란 시행착오와 성찰이 나에게 주는 축복이다.

성숙함은 스스로 자기 자신에게 줄 수 있는 최고의 선물이다.

성숙함은 '현명함'으로 가는 유일한 출발 지점이기 때문이다.

219

성숙해진다는 것은

자신의 모든 것에 온전히 책임지는 것을 배워가는 과정과 같다.

오직 그러한 자세만이 진정 자기 삶의 주인이 되게 하기 때문이다.

220

자신의 삶에 전적으로 책임질 수 있을 때,

비로소 자기 삶의 진짜 주인이 된다.

오직 성숙한 사람만이 자기 삶의 주인이 된다.

221

삶의 주인이 되려면 반드시 삶을 긍정해야 한다.

아울러 삶을 긍정하려면 반드시 '자신'을 긍정해야 한다.

자기 긍정 없이는 누구도 자신의 삶을 일으켜 세울 수 없다.

222

마음을 내려놓으면 마음이 가벼워진다.

자신을 내려놓으면 자신이 가벼워진다.

인생을 내려놓으면 인생이 가벼워진다.

세상을 내려놓으면 세상이 가벼워진다.

223

자신을 사랑하는 것, 그것이 삶의 중심이다.

삶의 중심이 흔들리는 건

다 자신을 온전히 수용하고 사랑하지 못해서이다.

224

오직 자신을 사랑하는 이만이 자신을 온전히 알 수 있다.

그 무엇이든 사랑해야만 그 본질을 제대로 알 수 있기 때문이다.

225

상처는 치유하면 거름이 되지만, 치유하지 못하면 독이 된다.

고통과 성장의 모든 추이는

마음의 상처를 어떻게 처리하느냐에 달린 셈이다.

226

자신의 기준으로 제일 먼저 평가되는 것은 자기 자신이요,

그 기준으로 제일 먼저 거부당하는 것도 바로 자기 자신이다.

이것이 조건 없는 수용과 사랑이 이루어지지 않는 근본적인 이유다.

227

비록 세상 모든 이가 '나'를 사랑해 준다 해도

스스로 자신을 사랑하지 못한다면 자기 안에 '사랑'이 채워질 수 없다.

구원이 밖에서 구해지는 것이 아니라,

안에서 이루어지는 것은 바로 이 때문이다.

228

음식을 절제하지 못하는 사람은

몸도, 마음도, 인생도 잘 컨트롤할 수 없다.

그것은 자기 생명을 대하는 근본적 자세이기 때문이다.

229

상처가 심한 사람에게 용서만큼 어려운 일은 없다.

용서보다 더 중요한 것은

용서할 수 없을 만큼 아픈 내 마음을 온전히 껴안아 주는 것이다.

230

자존심은 에고의 아성(牙城)이다.

에고는 비교를 통해서만 자기 정체성을 얻는다.

하지만 비교는 우열(愚劣)의 골목을 빠져나갈 수 없다.

231

오직 조건 없이 감사할 수 있는 사람만이

조건 없이 행복할 수 있다.

조건 없는 감사보다 행복을 담을 수 있는 더 큰 그릇은 없다.

232

어디서 무엇을 하든 사람은 누구나

자기 생각의 크기만큼만 성장할 수 있고,

자기 마음의 크기만큼만 살아갈 수 있다.

233

지구별 그 어디에서 어떻게 살아가든

동심을 잃어버린 사람은

'영혼의 아침'을 잃어버린 사람이다.

234

거울을 보는 것보다 더 중요한 것은

자성(自省)이라는 자기 내면의 거울을 보는 것이다.

진정한 자기 모습은 그 속에서 더 잘 드러나는 것이므로!

235

내 삶이 감동적이고 아름다운 이야기가 되게 하는 데 있어
나는 언제나 세상에 하나뿐인 작가요, 감독이요, 주연이다.
우리는 누구나 다시없을 하나의 인생 이야기를 만들어가는
유일무이한 존재들이다.

236

성찰은 자신의 문제를 살피게 하고,
책임의식은 자신의 과오를 받아들이게 한다.
성찰과 책임의식이 더해질 때, 진정한 정신적 성장이 이루어진다.

237

섬이 늘 끝없는 파도로 둘러싸여 있듯이
삶은 늘 온갖 애증(愛憎)의 파도로 둘러싸여 있다.

238

미워하고 회피하는 것은 자유로워지는 것이 아니다.
걸리는 것 없이 있는 그대로 인정하고 수용하는 것,
그 속에서 편안한 것만이 진정으로 자유로운 것이다.

239

내면의 상처는 필히 정신적 미숙과 연결되어 있다.

정신적 성숙이란 상처를 극복했음을 의미한다.

모든 상처를 이겨낸 사람만이 진정으로 성숙해질 수 있다.

240

인생이란 치유와 성장을 위한 대장정이다.

하늘 아래 그 누구도 예외는 없다.

이 길을 걷지 않는 자는 다시 그 길을 걸어야만 한다.

241

자신이 무엇에 고착되어 있는지를 아는 이만이

어떻게 그 고착에서 벗어날 수 있을지를 찾을 수 있다.

대부분의 고착은 자신이 무엇에 묶여있는지도 모르는 데서 시작된다.

242

우리의 모든 마음은 메아리가 아닌 것이 없다.

그것은 삶의 계곡을 따라 수없이 내게로 되돌아온다.

243

고통과 아픔은 자신의 진실에 도착하는 문이다.

그 문을 열고 들어가지 않으면

그 누구도 자기 안의 심연을 만날 수가 없다.

244

과거가 치유되어야만 새로운 미래가 열린다.

치유된 과거만이 어디서든 치유된 나를 만나게 한다.

245

부정적인 사람은 유연한 사고를 가지기 어렵다.

사고가 유연한 사람은 긍정적인 사람들 속에서만 나온다.

생각의 유연함이란 긍정의 폭이 넓다는 뜻이기 때문이다.

246

평온한 마음보다 더 값진 휴식은 없다.

감사한 마음보다 더 깊은 기도는 없다.

247

실패도 하나의 경험 자산이다.

실패에서 무언가를 배울 수 있다면

실패는 성장의 좋은 디딤돌이 된다.

실로 실패에 대한 태도가 성장과 퇴보의 향방을 좌우한다.

248

좋은 태도를 가졌다는 것은
좋은 마인드를 가지고 있다는 뜻이다.
태도와 마인드는 언제나 연동되어 하나로 움직인다.
마인드는 태도의 어머니다.

249

지혜도, 사랑도, 평정심도
다 정신적 성숙에서 나오는 것이다.
성숙은 인생의 사막을 건너가게 하는 영혼의 오아시스다.

250

감성은 삶을 깨우는 프리즘이다.
이 프리즘은 관심이라는 빛이 들어올 때만 빛이 난다.
관심은 삶과 만물을 연결시키는 빛의 촉매제인 셈이다.

251

마음이 굳어 있는 사람은 웃을 수가 없다.
웃음은 마음과 삶을 굳지 않게 만드는 윤활유다.

252

햇빛 밝은 곳으로 가면 그림자가 더 또렷해지듯이
내면이 밝아지면 자기 마음의 그림자도 더 또렷해진다.

253

삶에 의미 없는 고통이란 없다.

단지 의미를 모르는 고통이 있을 뿐이다.

고통은 삶의 의미를 찾아가게 하는 심오한 퍼즐과 같다.

254

고통을 통해서만 알 수 있는 게 있고,

고통을 통해서만 배울 수 있는 게 있다.

이것이 삶에 고통이 존재하는 유일한 이유이자 가치다.

255

자신의 삶과 세상을 얼마나 긍정할 수 있느냐는

그 영혼의 성숙도를 가늠할 수 있는 가장 명확한 기준점이다.

긍정의 폭이 대부분 수용과 사랑의 폭을 결정하기 때문이다.

256

자신이 어떤 사람인지 잘 모르면서

깊이 성찰하지 않는 것이 가장 큰 무지요,

삶을 어떻게 살아가야 하는지 잘 모르면서

깊이 탐구해 보지 않는 것이 가장 큰 어리석음이다.

257

자아상은 모든 생각의 꼭짓점이자 인식의 벼리와 같다.

한 사람의 사고 작용과 수준은

자아상의 둘레를 결코 벗어나는 법이 없다.

258

자아상은 인생에서 가장 중요한 거울이다.

자아상이 밝으면 삶도 세상도 따라서 밝아지고

자아상이 어두우면 삶과 세상도 따라서 어두워진다.

삶의 모든 것은 그 자아상에 비춰진 대로만 보이는 법이다.

259

마음은 자신과 타인을 재는 저울이요,

세상만사를 재는 저울이요,

인생의 모든 것을 재는 유일한 저울이다.

260

자기혐오에 중독된 것만큼 불행한 것은 없다.

타인혐오에 중독된 것만큼 불편한 것은 없다.

261

모든 생각과 감정에는 얼마간의 중독성이 있다.

오직 그 모든 중독성에서 온전히 자유로운 사람만이

삶의 평안과 초연함을 얻는다.

262

이 세상에서 가장 중요한 일은

천지만사 속에서 '자기 자신'을 온전히 만나는 일이다.

자신을 제대로 만나지 못하면 삶 또한 제대로 만날 수 없다.

263

성숙을 도모하는 것은 행복의 지름길이요,

미성숙에 머무는 것은 불행의 가시밭길이다.

성숙과 미성숙은 행복과 불행 사이의 분기점이다.

264

생각을 못 바꾸는 게 자신을 못 바꾸는 기본 원인이요,

자신을 못 바꾸는 게 인생을 못 바꾸는 근본 원인이다.

스스로가 만든 생각의 한계가 곧 인생의 한계인 것이다.

265

성숙함은 삶의 실수와 과오를 줄여주는 최고의 루트이다.

그것은 내 안에서 만들어진 것이기에

인생 어디서든 나를 지켜주는 최고의 방패요, 지혜의 지붕이 된다.

266

우울함은 마음의 곰팡이다.

그것은 긍정의 햇살이 없을 때만 자라난다.

'나는 그 어떤 한 경우에도

소중하고 가치 있는 사람이다.'라는 믿음이 삶의 햇살이다.

267

부정적인 생각보다 더 위험하고 더 해로운 것은 없다.

그릇된 생각은 깨어진 거울로 자신을 보는 것과 같다.

자신을 가장 괴롭히고 힘들게 하는 이는 바로 자기 자신이다.

268

고통은 심리적 시야가 좁아졌을 때, 더 심해진다.

괴로움에서 벗어나려면 심리적 시야를 최대한 넓혀야 한다.

생각과 시야가 무한으로 넓어지면 고통은

상대적으로 더 작은 것이 된다.

269

타인의 시선보다

타인의 시선을 의식하는 내 마음이

나 자신을 더 광범위하게 구속한다.

270

삶의 모든 것에는

내게 주는 피드백이 숨어 있다.

문제는 내가 그것을 제때 잘 알아차리지 못한다는 데 있다.

271

자신을 가장 잘 이해해 줄 수 있는 사람도,

자신을 가장 잘 위로해 줄 수 있는 사람도

결국은 자신의 모든 것을 아는 자기 자신일 수밖에 없다.

자신을 껴안을 수 있는 힘은 자신의 행복을 껴안는 힘을 결정한다.

272

상처로부터 빠져나오지 않으면

상처는 일생 나를 가두는 보이지 않는 미로가 된다.

273

모든 상처는 우리에게 두 가지 길을 제시한다.
하나는 상처 속에서 계속 머무는 것이고,
하나는 상처 밖으로 계속 벗어나는 것이다.

274

상처, 후회, 미련, 증오, 자책……,
내가 붙잡고 있어 괴로운 데도
내가 내려놓지 못하는 것들이 있다.
때로 내려놓는 법을 익히는 데 일생이 걸리기도 한다.

275

과거의 상처와 미련에 집착하는 것은
바꿀 수 없는 지나간 시간 때문에
바꿀 수 있는 현재의 시간까지 낭비하는 것이다.

276

자신의 마음에 늘 귀를 기울이고 잘 살펴보아야 한다.
마음이란 내면세계의 모든 것을 비추는 거울일 뿐 아니라
모든 순간에 삶의 모든 것을 이끌고 가는 방향키이기 때문이다.

277

삶을 잘 살아가려면

세상과 관계하는 기술을 배워야 한다.

하지만 그 기술은 먼저

자기 자신과 잘 관계하는 기술을 배울 때만 길이 열린다.

278

나 자신과의 관계가 모든 관계 중에서 가장 중요하다.

나는 나 자신과 한순간도 떨어질 수 없으며,

내가 나를 대하는 방식이 반드시

삶을 대하는 방식과 타인을 대하는 방식으로 이어지기 때문이다.

279

정신적 성장은 나이와 무관한 것이니,

그것은 오직 자기성찰을 잘할 때만,

자신을 끌어올려 줄 삶의 이상이 있을 때만 이루어지는 것이다.

280

겸허함보다 자신을 만나는 더 큰 문은 없다.

겸허함 속에 자신을 내려놓는 것만큼 더 큰 평온은 없다.

281

착각과 편견과 선입견과 고정관념이 없는 이는 거의 존재하지 않는다. 하지만 자신의 이러한 인지왜곡을 완전히 자각하는 이도 거의 존재하지 않는다.

제 3 장

비전/성취
Vision/Achievement

비전/성취
Vision/Achievement

282

희망은 인생의 효모다.

목표는 인생의 사다리다.

인내는 인생의 소금이다.

283

자신 안에서 빛을 보는 사람만이

자신의 밖에서도 빛을 본다.

사람은 오직 자기 마음의 창으로만 세상을 보기 때문이다.

284

위대한 인물에겐 예외 없이 위대한 정신이 있다.

그것이 그들을 만든 삶의 기원이자 에너지의 자원이다.

가치 있는 성과 뒤엔 그것을 만든 '어떤 정신'이 있는 법이다.

285

스스로가 새로운 길이 되기 전에는

세상에 새로운 길을 열 수가 없다.

길을 연다는 것은 곧 내 삶 자체가 하나의 길이 된다는 뜻이다.

286

모든 분야의 고수들은 집중과 인내가 낳은 거인들이요,

집중과 인내가 거듭나게 만든 환골탈태의 장인들에 지나지 않는다.

287

탁월함은 점진적 노력의 결과이자,

수많은 실패와 좌절을 딛고 일어선 점진적 극복의 결과이다.

288

인생의 전력질주는

목표와 열정과 용기와 몰입과 끈기가 있을 때만 이루어진다.

'탁월함'이란 오직 전력질주를 한 이들에게서만 발견되는 것이다.

289

혼탁한 자리에 있어도 전혀 때 묻지 않는 사람들이 있다.

최악의 상황에서도 좋은 결과를 만들어 내는 사람들이 있다.

탁월함이란 예외 없이 환경에 굴하지 않는

굳세고 명민한 정신에서 비롯된다.

290

지속적으로 올바른 태도와 좋은 습관을 유지한다면

누구든 삶의 긍정적 변화를 이끌어낼 수 있다.

그것은 누구에게나 '잘되는 최고의 기술'이기 때문이다.

291

꿈이 있는 사람만이 비상할 수 있다.

꿈은 현실을 뛰어넘는 뜀틀이자,

미래로 날아가는 마음에 돋아난 푸른 날개다.

292

아름답고 원대한 이상이 있다면

자기 꿈에 헌신하는 것이 곧 세상에 대한 헌신이 된다.

그러한 꿈은 자리이타(自利利他)의 지표가 되는 까닭이다.

293

무엇보다 높고 큰 뜻을 가져라.

그것이 '나'를 원대한 인간으로 키우는 첫걸음이다.

무엇보다 낮고 따뜻한 마음을 가져라.

그것이 '나'를 아름다운 인간으로 만드는 밑그림이다.

294

현실 이상의 현실 그것이 비전이다.

현실을 지나 좋은 것과 위대한 것으로 우리를 이끄는 모든 것은

오직 비전을 추구할 때만 열린다.

295

비전은 현실과 이상 사이를 이어주는 다리이자,

현재에서 미래로 건너가는 다리이다.

오직 강렬한 열망과 치열함이 있는 사람만이 그 다리를 건넌다.

296

이상은 우리의 영혼을 썩지 않게 하고,

비전은 우리의 인생을 멈추지 않게 한다.

297

상황에 따라 사는 것이 아니라 비전을 따라 살아야 한다.

그래야 나도, 상황도, 인생도 비전을 따라서 움직이기 때문이다.

298

자신의 비전과 이상에 미쳐보지 않은 이는 인생을 논할 자격이 없다.

그들은 자기 가능성의 날개를 제대로 펼쳐보지도 못한

이들이기 때문이다.

299

어떤 것에 미친다는 것은

자기 한계를 극복하는 가장 좋은 방법이다.

미칠 만큼의 열정과 집념이 아니고서는

자기 앞의 한계가 부서지는 법은 거의 없다.

300

이상은 도달하기 어려운 수준에 있어야 한다.

허나 그 이상 덕분에 방향성이 생기고 잠재력이 깨어난다.

301

이상적인 사람은 반드시 현실적이어야 하고,

현실적인 사람은 반드시 이상적이어야 한다.

그것이 우리가 찾아야 할 삶의 균형이요, 영혼의 활주로다.

302

열의는 굳은 결심에서 나온다.

결심은 부유하는 마음을 묶어주는 동아줄과 같고,

내면에 새워진 에너지의 발전소와 같다.

확고한 결심 없이 강력한 에너지가 발생하는 경우는 없다.

303

결심은 신발 끈처럼 풀릴 때마다 다시 묶는 것이다.

한 번의 결심보다

수백 번 다시 묶은 결심이 더 진짜요, 더 결연한 것일 때가 많다.

304

우연히 성공하는 사람이 없듯

우연히 실패하는 사람도 없다.

우연히 넘어지는 사람이 없듯

우연히 일어서는 사람도 없다.

305

최고의 태도를 가진 이만이 최고의 인생을 살 수 있다.

좋은 태도는 내가 나에게 줄 수 있는 최고의 자산이다.

306

자신을 잘 변호할 수 있는 것은 오직

자신의 성취나 성공뿐이다.

변명은 아무리 타당하고 화려해도 실패의 그림자를 지울 수 없다.

307

세상의 변화란 바다의 파도와 같아서 잠시도 멈추는 법이 없다.

때문에 우리가 택할 수 있는 삶의 방식은 세 가지뿐이다.

변화에 적응하거나, 그 반대이거나 혹은 변화를 선도하는 것!

308

고수들은 전체를 보는 눈과 부분을 보는 눈이 함께 발달되어 있다.

고수들은 더 폭넓게 보고, 더 섬세하게 보고, 더 깊게 보는 이들이다.

309

결심이란

효과적인 실행 계획과 전략을 가질 때, 더 빛을 발한다.

그것은 나와 뜻과 미래를 함께 묶는 매듭이다.

310

생각하고 또 생각하고 또 생각하라!

물방울이 많아져야 수압이 강해지는 것처럼

생각의 입자가 충분히 많아져야 생각에도 쓸 만한 '압력'이 생긴다.

311

천 번을 생각하면 생각이 깊어지고,

천 가지를 생각하면 생각이 넓어진다.

하지만 무엇보다 이 과정에서 생각하는 '능력' 자체가 좋아진다.

312

생각하기는 눈 뭉치를 굴리는 것과 비슷하다.

어떤 생각이든 굴리면 굴릴수록 더 커지는 법이다.

관건은 어떤 생각을 어느 쪽으로 굴리느냐에 있다.

313

무엇을 하든 모든 노력에 있어

가장 중요하고도 먼저 해야 할 노력은

가장 효과적인 방법을 찾아내는 노력이다.

결코 노력만으로는 안 된다.

더 효과적인 노력, 가장 효과적인 노력이어야 한다.

314

'왜' 해야 하는지를 확실히 알면

어떻게든 하게 되거나 더 잘하게 된다.

이유와 목적을 분명히 아는 것은 모든 성취의 초석이자,

마음을 붙잡아주는 탄탄한 동아줄과 같다.

315

인생이란 오직 자기관리를 얼마나 잘하느냐에 따라 좌우된다.

우리는 누구나 삶의 비상을 꿈꾸는

'자기관리의 뛰어난 조종사'가 되어야 한다.

316

뜻을 이루고 싶거나 인생을 멋지게 살고 싶다면

무엇을 하든 반드시 '시간의 밀도와 가치'를 높여야 한다.

삶이란 단 한 번뿐인 유한한 시간의 여행이기 때문이다.

317

시간을 최대한 뜨겁게 사용하라.

시간을 최대한 섬세하게 사용하라.

시간을 최대한 알뜰하게 사용하라.

시간을 잘 사용하는 것은 인생을 잘 사는 핵심 비결이다.

318

나의 노력과 정성이 정말로 지극하면

사람이 도와주거나, 하늘이 도와주거나 하는 일이 발생한다.

그 정도의 간절함과 치열함 없이는 그 무엇도 원망해서는 안 된다.

319

긍정할 수 있는 사람만이 도전할 수 있다.

도전할 수 있는 사람만이 긍정할 수 있다.

320

시간은 모두에게 주어진 삶의 반죽과 같다.

다만 그 반죽은 어떻게 쓰느냐에 따라

늘어나기도 하고 줄어들기도 한다.

321

상상력은 창조의 문을 여는 첫 번째 열쇠다.

그 열쇠는 세상 모든 것에 깃들어 있으나

비전을 보는 눈과 깨어있는 마음만이 찾을 수 있다.

322

상상력은 창조성의 첫 번째 밑그림이다.

그것은 다만 현재와 미래 사이에, 현실과 이상 사이에,

영감과 실현 사이에 그려진다.

323

걸림돌을 디딤돌로 바꾸는 것보다 더 멋진 삶의 철학은 없다.

그 안에는 예외 없이 지혜와 용기와 유연함과 담대함이 함께 있다.

324

재능이 은이라면 태도는 금이다.

재능이 발판이라면 태도는 안전장치다.

재능은 미래를 보장하지 못하지만,

재능에 태도가 더해지면 미래는 거의 확실해진다.

325

최선을 다해 사는 것은
자신을 진정으로 아끼고 사랑하는 길이다.
최선을 다한다는 것은 자신의 잠재력과 가능성을
조금도 낭비하지 않겠다는 자세이기 때문이다.

326

꿈과 열정이 있을 때, 시간의 밀도는 더 높아진다.
시간은 아낄수록 더 많아지고, 더 유용해지고, 더 풍성해진다.

327

시간을 어디에 어떻게 사용했는지를 면밀히 살펴보면
자신의 생이 고스란히 자신의 책임임을 부정할 수 없게 된다.

328

창의적인 사람은 순종적일 수 없고,
순종적인 사람은 창의적일 수 없다.
오직 가장 앞서 깨어있는 사람만이,
가장 먼저 틀을 깨는 사람만이 혁신적일 수 있다.

329

창의성이란 도전과 실패를 먹고 자란다.

때문에 도전과 실패를 존중하지 않는 사람이나 사회는

결코 창의적일 수가 없다.

330

인류 문명의 모든 것은 어떤 물음에 대한 답이었다.

물음은 지성의 출발점이요, 사고의 엔진이며, 창의력의 불씨다.

특히 좋은 질문일수록 더욱 그렇고, 간절한 질문일수록 더욱 그렇다.

331

남다른 야성이 없는 이는 새로운 세계를 열 수 없다.

야성이 없는 이는 웅대한 뜻을 가질 수 없으며,

아울러 뛰어난 개성이나 창의력 또한 겸비할 수 없기 때문이다.

332

혁신은 최초와 최고를 지향할 때 나온다.

오직 일류를 지향하는 이만이 일류 쪽으로 가는 법이다.

333

시대의 앞에서 걸어가는 사람은

다들 창의적이고 혁신적인 사람들이다.

어디서든 뒤에서 걸어가는 사람은

앞 사람의 뒷모습이나 발자국밖에 볼 수 없는 법이다.

334

흐름을 따라가는 사람은

흐름을 만들어내는 사람의 추종자가 될 수밖에 없다.

혁신이나 선구는 추종자가 되기를 거부한 사람들 속에서만 나온다.

335

연필을 발명한 사람이 있으면

지우개를 발명하는 사람도 따라 나온다.

이처럼 하나의 창조는 연이어 또 다른 세계를 연다.

336

세상이 필요로 하는 사람이 돼라.

그러면 세상이 반드시 너를 찾을 것이다.

너는 내 안에 잠자고 있는 끝없는 잠재력과 가능성이니!

337

계획은 성공의 사다리다.

꿈을 이루고자 하는 이는 좋은 사다리를 만들어야 한다.

계획은 나를 일으키는 행동의 지렛대요, 시간의 나침반이 된다.

338

임계치에 도달하면 물은 반드시 넘치는 법이다.

언제나 모든 성취와 성공도 이런 이치로 이루어진다.

임계치에 도달하기 전까지는 자신에 대해서도,

자신의 모든 노력에 대해서도 조금도 의심해서는 안 된다.

339

내 꿈을 응원하고 지원하는 이가 많을수록

그 꿈을 이룰 확률도 더 높아지지만,

그 꿈의 가치 또한 더 널리 확산될 것이다.

340

사람의 마음은 꿈과 이상을 잃을 때 늙는다.

꿈과 이상을 잃으면

마음이 더 이상 활기차게 움직일 곳이 없기 때문이다.

341

인생 여정에선 한순간도 꿈과 목표가 없어서는 안 된다.

꿈과 목표를 잃었을 땐 새로운 꿈과 목표를 찾아야 한다.

꿈과 목표가 없는 것은 일어나 갈 곳이 없는 여행자와 같다.

342

세상의 통념을 깨고서 사고하는 이만이

고정관념의 장벽을 깨고서 통념 너머의 세계를 볼 수 있다.

343

생각이 얕은 것은 얕은 물에서 배를 띄우는 것과 같고,

생각이 깊은 것은 깊은 물에서 배를 띄우는 것과 같다.

인생이란 배가 어느 물가에 있든지 그것은 자신의 책임이다.

344

남다른 결의와 각오 없이는 남다른 열정과 노력이 없으며,

남다른 열정과 노력 없이는 남다른 발전이나 성취가 없다.

345

삶이 충실하려면

'생각'에 충실해야 하고, '행동'에 충실해야 한다.

둘 중 하나라도 부실하면 한쪽 바퀴가 빠진 수레와 다를 바 없다.

346

무릇 고수는 더 깊이 보고 더 넓게 생각한다.

어느 분야든 고수가 된다는 것은

안목이 높아지고 시야가 넓어지는 숙련의 과정이다.

347

완벽하게 기본기를 갖추는 것은 모든 고수들의 공통점이다.

완벽한 기술이나 능력은 완벽한 기본기에서 나오기 때문이다.

348

탁월한 성취를 이룬 사람에겐 예외 없이

그러한 성취를 이끌어낸 남다른 정신이 있다.

'웅대하고 절절한 정신' 없이 거장이나 대가가 된 사람은 없다.

349

'넘버 원'이 아니라 '온니 원'이 더 윗길이다.

넘버 원은 대체할 수 있는 사람이 있지만,

온니 원은 대체할 수 있는 사람이 없기 때문이다.

350

인생은 언제나 익숙한 길과 미지의 길 사이에 있다.

익숙한 것은 나를 편하게 하지만, 미지의 것은 나를 새롭게 한다.

351

최선을 다하는 것이
나를 위한 최선의 운명이다.
최선을 다하는 것이
나를 위해 내가 택할 수 있는 최선이기 때문이다.

352

집중력 없이 보낸 시간은 초점이 흐린 사진과 같다.
집중력이 없어 마음을 모으지 않고 살면
인생 전체가 그렇게 흐릿해질 수밖에 없다.

353

탁월한 성과나 성공으로,
나를 무시하거나 비웃었던 사람을 놀라게 하는 것만큼
더 멋지고 화려한 복수는 없다.

354

인생은 자기관리와 시간 관리를 잘하는 사람에게만 문을 열어준다.
그 문을 열지 못하면 성공과 행복이 들어올 길이 없다.

355

용기는 결과를 두려워하지 않을 때 생긴다.
용기는 자기 신뢰의 입구요, 자기 구속에서 벗어나는 출구다.

356

용기를 잃지 않는 정신력이 바로 용기의 본질이다.

삶의 모든 승패는 결국 이러한 정신력의 유무에 의해 좌우된다.

357

용기를 잃으면 아무것도 할 수 없게 된다.

용기는 희망과 가능성을 보는 내면의 빛이기 때문이다.

용기는 어둠 속에서도 희망과 가능성만을 클로즈업시키는 힘이다.

358

자신감이 있어야 마음의 심지에 불이 붙는다.

자신감을 잃으면 삶에 어둠이 가득 차게 되는 것은 이 때문이다.

나를 일으켜 세우는 것은 오직

어떠한 경우에도 끝까지 나를 믿어주는 굳센 마음뿐이다.

359

내일을 잘 준비하는 사람은

내일을 더 많이 가지는 사람이요,

내일을 위해 오늘을 더 충실히 사는 사람이다.

360

전인미답의 시간은 언제나 내 앞에 펼쳐져 있다.

그 모든 순간은 나를 찾아온 첫눈 같은 기회요,

그 속엔 다시없을 생명력과 미지의 빛이 담겨져 있다.

매 순간, 순간은 새로운 나를 만나는 인생의 새로운 첫걸음이다.

361

'시각(時刻)'이라는 말은

조각하여 마음에 새기듯 한순간 한순간을 정성껏 살라는 뜻이다.

362

작은 것이라도 성취의 체험은 자신감과 현실감각을 길러준다.

조금씩이라도 계속 성장하는 습관을 가져야 한다.

그러면 그것이 도미노처럼 그다음에 해야 할 모든 것들을

차례로 다 알려줄 것이다.

363

선견지명은 성공의 가장 좋은 안내문이나,

그 안내문은 아무나 읽을 수가 없고,

초지일관은 성공의 가장 좋은 버팀목이나,

그 버팀목은 아무나 구할 수가 없고,

전심전력은 성공의 가장 좋은 에너지이나,

그 에너지는 아무나 사용할 수가 없다.

364

확고한 목표는 어떤 것이든

그 안에 성장을 위한 발돋움을 내포하고 있다.

확고하다는 것은 마음과 행동을 일치시켜 주는 힘이다.

확고한 목표가 마음의 지렛대가 되고

삶의 등대가 되는 것은 이 때문이다.

365

1년을 앞서가는 사람이 있듯

10년을 앞서가는 사람이 있고,

100년을 앞서가는 사람이 있고,

1000년을 앞서가는 사람이 있다.

366

모든 수준 차이는 관점의 차이에서부터 시작된다.

어떤 일이든 더 좋은 관점, 더 높은 관점, 더 앞서가는 관점이 있다.

최고의 관점을 찾는 것은 최적의 프레임과

최상의 플랜을 찾는 출발점이다.

367

'지금까지'도 중요하지만, '지금부터'는 더 중요하다.

누구에게나 매 순간 '지금부터'라는 출발점이 주어진다.

삶이란 매 순간 새로운 출발점에서 새롭게 시작하는 것이다.

368

자신감은 모든 능력의 기원이자 본질이다.

자신감은 모든 능력의 첫 번째 불씨이자 마지막의 매듭이다.

자신감이 없으면 어떤 일이든

시작도 할 수 없고, 마무리 또한 지을 수 없다.

369

험난한 인생길에

자신감보다 좋은 연료가 없고,

자신감보다 좋은 벗이 없으며,

자신감보다 더 확실한 자산이 없다.

모든 것을 잃어도 자신감을 잃지 않는 이는 다시 시작할 수 있다.

370

모든 창조적 활동은 창조적 일탈에서 시작된다.

한 번의 의미 있는 일탈이

새로운 세계를 여는 시작점이 될 수 있다.

371

이류와 삼류는

일류가 될 만큼 독창적이거나 혁신적이지 않다.

이것이 이류와 삼류가 아류 수준에 머무는 필연적인 이유이다.

372

어느 분야든 고수들은 객기가 없고 차분하다.

그들의 기운은 대개 명료하고 간결하다.

마음과 행동과 에너지가 전일(專一)하기 때문이다.

373

최고가 되어야 최고의 대접을 받을 수 있듯이

최고가 되어야 최고의 경지가 무엇인지 알 수 있고,

최고가 되어야 최고의 것을 세상에 나눌 수 있다.

374

최선을 다했다고 해서 늘 최상의 결과가 나오지는 않겠지만,

최선을 다하는 그 삶의 자세가

이미 많은 것을 예약하는 하나의 빛나는 성과다.

375

매 순간, 순간은 끝없는 미지다.

끊임없이 나를 처음 찾아오는 시간들,

그것은 새로움과 가능성과 영원으로 초대되는 문이다.

376

간절한 질문이 없는 사람이 어찌 간절한 답을 찾겠는가.

자신의 질문과 답이 없는 사람이 어찌 자신의 세계를 얻겠는가.

오직 간절하게 질문하는 이만이 자신의 삶에 응답하는 자가 된다.

377

인생에 실전이 아닌 것은 단 하나도 없다.

인생을 제대로 살려면 철저히 실전주의자가 되어야 한다.

오직 진정한 실전주의자만이 현실 속에 이상을 실현시킬 수 있다.

378

쓰러진 자를 다시 일으켜 세운 것도,

실력 없는 이를 실력자로 만들어준 것도,

초보자를 고수나 대가가 되게 한 것도,

경험의 가치와 연륜의 깊이를 알게 해준 것도

전부 나의 덕이니, 내 이름은 변함없는 꾸준함이다.

379

최고가 된 이들에겐 최고가 되게 만드는 근성이 있다.

재능 중에 최고의 재능은 최고가 될 수밖에 없는 근성이다.

그리고 그 근성의 시작점은 최고가 될 수밖에 없는 마인드에 있다.

380

안전지대는 안주지대이기도 하다.

안전함은 때로 안일의 늪이나 순응의 족쇄가 되기도 한다.

381

자신의 습관 속에서

자신의 운명을 읽는 이만이

자기 삶의 빛과 어둠을 제대로 자각할 수 있다.

382

'황금'보다 더 소중한 것은 '지금'이다.

'지금'이 없으면 모든 것을 잃게 되기 때문이다.

삶의 절정을 사는 길은 오직 '지금 여기'에 있다.

383

후회 없는 인생은 후회 없는 하루를 사는 데 있다.

후회 없는 하루는 후회 없는 순간을 사는 데 있다.

삶의 시간이란 오직 유일무이한 '순간' 속에만 있는 것이다.

384

하루는 기적을 만들 수 있는 시간이다.

하루 안에서 만들 수 있는 기적에 도전해 보라.

어떤 결과를 얻든 하루라는 시간이 더없이 빛나게 될 것이다.

385

오늘이란 최고의 하루를 살 수 있는 완벽한 기회다.

오늘이란 최고의 나를 만날 수 있는 유일무이한 기회다.

오늘 하루는 '전무후무한 나'를 영원에 새기는 시간이다.

386

삶의 스토리는 오직 내 발걸음을 따라 이루어진다.

나만의 이야기를 만들고 싶다면 나만의 길을 걸어가야 한다.

세상이 원하는 것은 다시없을 만큼 독보적이고 새로운 이야기다.

387

세상에는 반응 수준으로 살아가는 사람과

응답하는 수준으로 살아가는 사람이 있다.

그래서 세상엔 언제나 앞에서 선도하는 사람과 뒤에서 따라가는 사람
이 있다.

388

진정한 긍정이란 모든 것을 수용할 수 있는 열린 마음이다.

그것은 나쁜 것에서도 좋은 것을 볼 수 있는 담대하고 강인한 예지이다.

389

매 순간 최선을 다해야 매 순간이 가치 있게 바뀐다.

매 순간 깨어있어야 매 순간이 나와 함께 눈을 뜬다.

390

문제를 과소평가하면 문제가 더 커질 것이요,

문제를 과대평가하면 자신이 더 작아질 것이다.

391

인생을 멋지게 살려면 제일 먼저 해야 하고

제일 먼저 잘해야 하는 것이 시간 관리다.

내가 시간을 관리할 때, 시간이 내 인생을 관리해 준다.

392

좌절할 만한데 좌절하지 않는 것,

앞이 보이지 않을 때도 굴하지 않는 마음을 유지하는 것,

그것은 어떠한 경우에도 오직 '최선을 다하는 것'과

'자신을 사랑하는 것'을 삶의 원칙으로 삼을 때 가능해진다.

393

마음속에 한결같은 뜻이 있는 사람은 잘 흔들리지 않는다.

그는 이미 자기 안에 길을 가지고 있는 사람이기 때문이다.

그것은 자신을 자신답게 하고 삶을 삶답게 하는 선택적 특권이다.

394

고난을 경험해 봐야 고난을 해결할 수 있는 힘이 생긴다.

혼란을 경험해 봐야 혼란을 잠재울 수 있는 힘이 생긴다.

고난과 혼란은 이를 극복하는 법을 배울 수 있는 유일한 기회이다.

395

실패는 외적인 경험이지만, 좌절은 내적인 경험이다.

외적 경험은 확정적이지만, 내적 경험은 유동적인 것이다.

396

성공하는 법을 배우는 것 못지않게

실패에 대처하는 법을 배우는 것 또한 중요하다.

실패는 인생이라는 긴 여정에서 누구에게나 발생하는 일이므로.

397

성공한 사람들은

실패하지 않았던 이들이 아니라

실패에서 다시 잘 일어서는 법을 터득한 이들이었다.

398

세상에서 가장 많은 것을 들어 올릴 수 있는 지렛대는

긍정이라는 지렛대다.

이 지렛대 없이 자신의 마음이나 인생을 일으켜 세운 사람은 없다.

이 지렛대가 없었으면 세상은 이미 좌절과 절망 속에 침몰했을 것이다.

399

치열함은 간절함과 동행하고,

치밀함은 완성도와 동행한다.

400

끝까지 도전해 보지 않는 사람은

자신의 가능성이 어디까지인지 끝내 알지 못한다.

그것은 타다 남은 장작과 같이

자신의 잠재력을 다 불태워보지 못한 것이나 다름없다.

401

몰입은 마음을 선명하게 만든다.

몰입은 마음에 초점이 잘 잡혔다는 뜻이다.

초점 없는 마음은 삶의 모든 것을 흐릿하게 만든다.

402

게으른 사람은 게으름에 몰입하고 있는 것이요,

성실한 사람은 성실함에 몰입하고 있는 것이다.

우리가 뭔가에 몰입하고 있지 않는 순간은 없다.

매 순간 무엇에 몰입하느냐가 삶의 모든 빛과 어둠을 만들어 낸다.

403

인내력은 웅대한 가능성이다.

인내할 줄 아는 사람은 삶의 내구력을 지닌 사람이다.

때로 '지속시킬 수 있는 힘'보다 더 높은 가능성은 없다.

404

자신이 걸어보지 못한 길은 길이 아니다.

길이란 오직 그 길을 걸어가는 자에게만 길이다.

고로 진실로 말할 수 있는 것은 자신이 걸어간 만큼만의 길인 것이다.

405

고수들은 실수를 많이 해본 사람이자,

그 실수에서 많은 것을 배우고 끊임없이 개선한 사람이다.

고수란 다름 아니라 수정보안의 달인들이다.

406

자기 스타일이 없다는 것은 채색이 없는 그림과 같다.

남과 다른 게 없는 사람은 자신만의 역사를 쓸 수 없다.

역사는 범상한 것을 기술하지도, 기억하지도 않기 때문이다.

407

세상은 언제나 편견과 오해와 착각으로 가득 차 있다.

그것을 뚫고서 오롯이 자신의 길을 가는 것은

비전을 실현코자 하는 모든 이들에게 주어진 인생의

숭고한 과제와 같다.

408

아우라는 적공(積功)의 미덕에서

절로 뿜어져 나오는 존재의 광택이다.

그것은 노력과 세월과 영혼이

오랫동안 어우러져 만들어 낸 고유의 빛이다.

이것이 어떤 아우라든 결코 다른 것으로 복제될 수 없는 이유이다.

409

배울 수 있는 능력,

이를 바탕으로 끊임없이 개선할 수 있는 능력,

이보다 인간을 더 위대하게 만드는 것은 없다.

410

인생의 문이 열리는 것은 정면승부를 할 때뿐이다.

회피는 삶의 뒤 켠 속으로 숨는 일이다.

정면승부를 피하면 인생의 폭이 작아지는 것을 면할 길 없다.

411

뜻을 이루어가는 길에

치열함과 담대함보다 좋은 자명등은 없다.

그 등이 없이 자신의 어둠을 밝힌 사람은 없다.

412

뜻이 이루어지지 않았을 때,

제대로 미쳐 보았는지를 자문한다.

온전히 내 모든 것을 다 던져 보았는지를 다시 살펴본다.

413

이상은 천재의 불씨요,

몰입은 천재의 창(窓)이요,

열정은 천재의 엔진이다.

414

천재는 세상을 가장 앞에서 끌고 가는 이다.
천재는 어떠한 면으로든
한 사회에 내린 정신의 벼락이요, 혁신의 강풍이다.

415

천재는 최초와 최고를 함께 지향한다.
그것이 천재의 핵심 유전자이자 기본 포지션이며,
'온니 원'이 되는 광활하고도 확고한 출발점이다.

416

새로움과 탁월함에 대한 강렬한 열망은
모든 천재들이 지닌 기본 속성이다.
그러한 열망이 새로운 세계를 창출하고,
새로운 미래를 여는 동력이 된다.

417

천재는 시대의 초침을 움직이는 사람이다.
초침이 움직이면 분침과 시침은 따라 움직일 수밖에 없다.
기실 천재란 한 시대의 가장 선두에 있으면서
동시에 그 중심에 있는 존재다.

418

영웅이란 많은 이에게 좋은 영감을 줄 수 있는 사람이다.

영감은 선한 영향력의 첫 페이지다.

이것이 영웅이 영웅일 수 있는 첫 번째 요건이다.

419

영웅은 세상에 차이를 가져다주는 사람이다.

세상에 어떤 긍정적인 변화를 만들어 내는 사람,

그 전과 그 이후가 확연히 달라지게 하는 사람!

420

영웅은 대개 세상에 길들여지지 않는 사람들로부터 나온다.

세상에 길들여지는 사람은

세상을 혁신할 기질이나, 능력이나 의지가 없는 법이다.

421

'전력질주'는 아무나 할 수 있는 게 아니다.

평소에 전력을 다하는 습관이 있는 사람만이 할 수 있는

성실과 열정의 내공이 키운 탁월한 기술이다.

422

꼭 해야 할 것과 꼭 하고 싶은 것!

인생은 이 두 가지를 제대로 하는 데도 부족한 시간이다.

어찌 단 한 순간인들 헛되이 낭비할 수 있으랴.

423

생각의 힘으로 무엇을 할 수 있는지 아는 사람과 모르는 사람,

생각의 힘을 가치 있게 쓰는 사람과 그렇지 못한 사람,

세상엔 오직 이렇게 두 종류의 사람이 있을 뿐이다.

424

삶은 무의식이 만드는 조건반사의 도미노다.

좋은 습관은 좋은 조건반사를 만드는 가장 좋은 장치다.

그 무엇으로든 좋은 조건반사를 최대한 많이 만드는 것은

모든 지혜의 첫머리이자, 모든 행복의 전초기지이다.

425

'생각과 감정과 믿음과 행동'의 전면적인 일치와 몰입!

이보다 내 에너지 상태를 더 좋게 만드는 방법은 없다.

나를 살리고 삶을 변화시키는 데도 이보다 더 좋은 방법은 없다.

'전면적인 일치와 몰입'은 모든 고수들이 장착한 최상의 전략이다.

426

내일을 준비하는 사람은 미리 내일을 내다보는 사람이다.

미래를 준비하는 사람은 지금 미래를 만들어가는 사람이다.

착실한 준비는 흔들림 없이 미래를 받쳐주는 최고의 주춧돌이다.

427

시간이 지나 보면

자신감이 부족했던 것을 후회하는 경우는 있어도

자신감이 충만했던 것을 후회하는 경우는 드물다.

이왕 할 일이라면 최대한 자신감을 가지는 게 더 좋다.

428

미래는 언제나 전대미문(前代未聞)으로 열려 있다.

고로 미래는 언제나 전인미답(前人未踏)의 좋은 기회이다.

새로 시작되는 역사의 페이지는 언제나 깨끗한 첫 번째 백지다.

429

오늘 하루 새로운 나로 거듭날 수 있다면,

오늘 하루 고귀한 일상을 창출할 수 있다면

오늘 하루는 나를 위한 나에 의한 찬란한 혁명이다.

제 4 장

관계/인격
Relationships

430

삶의 모든 것은 관계에서 시작되고 관계에서 끝난다.

그러므로 모든 불행과 행복도 이 속에서 만들어진다.

관계는 삶을 구성하는 값없는 퍼즐이다.

431

밖에서 열어야 열리는 문이 있고,

안에서 열어야 열리는 문이 있다.

모든 마음의 문은 안에서 열어야만 활짝 열리는 문이다.

432

모든 것을 오픈할 필요는 없지만,

서로의 가슴을 오픈하지 않고서는

그 누구와도 깊은 친밀감이나 우정(사랑)을 나눌 수가 없다.

나를 오픈한다는 것은 나와 상대를 함께 믿는 마음에서 시작한다.

433

내가 귀한 사람이 되는 것은

다른 이를 귀하게 여기는 그 마음의 폭만큼이다.

434

타인 존중의 첫걸음은

그의 생각과 감정을 존중하는 데 있다.

이것 없이 존중이 제대로 이루어지는 경우는 없다.

그것은 상대에 대한 이해와 공감과 수용이 부재한 상태이기 때문이다.

435

삶의 모든 문제는 나의 인연 속에 있다.

삶의 모든 해답도 나의 인연 속에 있다.

내 인연의 고리에는 반드시 내가 깨우쳐야 할 것이 있다.

이것이 모든 인연법의 비밀이요, 인생의 위대한 섭리다.

436

타인에게 기준이 되는 삶, 그것보다 더 잘 산 인생은 없다.

타인에게 희망이 되는 삶, 그것보다 더 아름다운 인생은 없다.

세상 어느 곳에 있든 숭고한 인생은 안과 밖으로 빛나는 법이다.

437

도덕적 권위를 갖는 것은

그 어떤 권위보다 아름답고 가치 있는 것이다.

왜냐하면 그것은 모든 권위의 기초가 되는 것이기 때문이다.

438

나보다 소중하지 않고 귀하지 않은 사람은 아무도 없다.

누구에게나 자신보다 더 소중한 사람은 이 세상에 없는 까닭이다.

자신에 대한 절대존중은 언제나 타인에 대한

절대존중으로 확장되어야 한다.

439

타인에게 준 감동, 그것만한 삶의 재산이 있겠는가?

타인에게 준 상처, 그것만한 삶의 손실이 있겠는가?

440

거지는 늘 '무엇을 받을 수 있을까'를 묻지만,

성자는 늘 '무엇을 줄 수 있을까'를 묻는다.

이것이 거지가 거지가 되고, 성자가 성자가 되는 이유이다.

441

타인의 인생에 디딤돌이 되어 주지 못한 인생은

어떠한 성취를 얻더라도 대단한 삶이라 할 수 없다.

442

나눔은 서로의 가슴을 여는 열쇠다.

나눔은 가슴과 가슴으로 이어지는 도미노다.

그것은 세상에 유기적 관계를 아름다운 원으로 완성한다.

443

세상 어디에나 소외와 제외는 가득하다.

우리 마음에 이미 소외와 제외가 가득하듯이.

우리의 마음은 세상의 기원이요, 세상을 만드는 거푸집이다.

444

여러 사람의 견해를 들어보는 것은

객관적 시각을 얻는 최고의 방법이다.

타인의 눈과 귀가 되는 것은 나를 확장하는 지름길이다.

445

좋은 귀를 가진 사람은 많지 않다.

그것은 언제나

그 마음의 너비와 따뜻함과 비례하는 것이므로!

446

새는 두 날개가 있어야 날 수 있듯이

사람은 실력과 인격이라는 두 날개를 갖춰야만 높이 비상할 수 있다.

447

타인을 도울 역량이 있는데도

타인을 돕지 않는 것은 인간으로서의 직무유기다.

성공했거나 사회에 영향력이 있는 사람일수록 더욱 그렇다.

448

똑똑한 사람은 옳은 말로 알맞게 조언하고 충고하지만,

지혜로운 사람은 따뜻한 마음으로 더 듣고 더 이해하려 한다.

449

타인을 비판해서 자신을 뽐내려 하는 것은

잘난 척과 오만의 감춰진 기술이다.

허나 진정으로 자신을 빛나게 하는 것은

그것과 정반대로 하는 것이다.

450

우월감을 얻으려 하는 자는

늘 가르치려 하고, 충고하려 하고, 조언하려 한다.

그 결과, 우월하고자 하는 자는

자신도 제대로 보지 못하고 타인도 제대로 껴안지 못한다.

451

때로 무엇을 말하느냐보다 어떻게 말하느냐가 더 중요하다.

'무엇을 말하느냐'는 그가 무엇을 전하고 싶은지를 보여주지만,

'어떻게 말하느냐'는 그 사람의 마음과 태도를 보여주기 때문이다.

452

상대방의 장점만 찾아내는 사람 중엔 번영하는 사람이 많지만,
상대방의 결점만 찾아내는 사람 중엔 성장하는 사람이 드물다.
전자는 마음의 눈으로 빛을 보고 다시 빛을 비추는 사람이고,
후자는 마음의 눈으로 어둠을 보고 다시 어둠을 비추는
사람이기 때문이다.

453

자신을 높이는 것은 상대를 낮추는 행위와 같은 것이다.
이것은 우월감이 만든 결례요, 무시요, 오만이요, 정신적 폭력이다.

454

좋아해도 편파적이지 않아야 하고,
싫어해도 편파적이지 않아야 한다.
허나 대의나 양식이 없는 사람은 늘 이와 반대로 한다.

455

세상살이에서 이해타산만큼 넘기 힘든 산은 없다.
어떤 만남이든 이 산을 넘어선 관계는 흔치 않다.

456

마중물이 되는 행동이 있다.

마중물이 되는 사람이 있다.

그 마중물 때문에 역사가 되는 일이 있다.

457

돈으로는 살 수 없는 마음이 있듯이

돈으로는 살 수 없는 관계가 있고,

돈으로는 살 수 없는 품격이 있고,

돈으로는 살 수 없는 경지가 있다.

458

돈을 빌려주기 전에는 빌리는 사람이 간절하지만,

돈을 빌려준 이후에는 빌려준 사람이 간절해진다.

돈을 빌려 간 이가 약속을 잘 지키는 경우는 드물기 때문이다.

459

나 자신을 누군가에게 필요한 존재로 만드는 것은

그 자체로 나를 치유와 성장의 길로 이끌어 줄 뿐 아니라

서로를 보이지 않는 아름다운 끈으로 연결해 준다.

460

주관적 시각만큼 객관적 시각이 중요할 때가 있다.

주관이 안에서 보는 눈이라면 객관은 밖에서 보는 눈이다.

대부분의 일은 그 두 시각을 잘 참조할 때 가장 이상적이다.

461

이기심은 모든 죄악의 발원지다.

모든 범죄도, 모든 전쟁도 다 여기에서 나왔다.

그 어떠한 고상한 지식도 이 안에선 다 무용지물이다.

462

천 권의 책을 읽어도 이기심 한 겹 벗겨내기가 쉽지 않고,

일생을 살아도 아상(我相) 밖으로 한 걸음 벗어나기가 쉽지 않다.

463

이해심과 배려심을 얼마나 키울 수 있느냐에 따라

인격 수준이 결정된다.

그것은 자기중심적 사고를 얼마나 줄일 수 있느냐와 정비례한다.

464

인격의 품질은 대개 정신의 품질에서 나온다.

인생의 품질은 대개 습관의 품질에서 나온다.

465

자신을 생각하는 마음으로 타인까지 생각하는 마음,

이는 만인이 가장 가지기 힘든 미덕이지만,

사회와 인류에게는 가장 필요한 정신적 자산이 된다.

466

미움이 반복되면 '미움'이라는 조건반사가 만들어지고,

사랑이 반복되면 '사랑'이라는 조건반사가 만들어진다.

조건반사는 심리적 감옥이 되기도, 행복의 울타리가 되기도 한다.

467

부부에게 '경청과 이해심'이 부족한 것은

사과나무에 물과 햇살이 부족한 것과 같다.

이 두 가지는 관계를 돌보고 지속케 하는 기본 프레임이다.

468

왼손과 오른손은 서로 싸우지 않는다.

그 생명의 뿌리가 같기 때문이다.

배려심과 이타심은 서로 싸우지 않는다.

그 마음의 뿌리가 같기 때문이다.

469

친절과 배려와 존중 없이
다른 사람에게 좋은 영향을 줄 수 있는 사람은 없다.
그것은 관계의 첫 번째 문을 여는 빗장이기 때문이다.

470

가장 높은 사람과
가장 낮은 사람을 똑같은 마음으로 대할 수 있을 때,
비로소 사람을 대하는 법을 다 배웠다고 말할 수 있다.

471

말하지 않은 말까지 들어야 잘 들었다고 할 수 있고,
보이지 않는 것까지 보아야 잘 보았다고 할 수 있다.
드러난 것엔 언제나 드러나지 않은 것이 함께 섞여 있으므로.

472

경청한다는 것은 존중을 표현하는 것이요,
공감한다는 것은 사랑을 표현하는 것이다.
경청과 공감은 존중과 사랑이 마음으로 들어가는 길이다.

473

마음이 낮아지기 전까지는 결코 경청을 할 수가 없다.

마음이 낮아지지 않으면 자기 생각이 앞서기 때문이다.

그것은 오직 마음이 낮아진 사람만이 가질 수 있는 미덕이다.

474

어린아이는 잘 배려하지 못한다.

마음이 어린 사람도 이와 마찬가지다.

관계에 있어 배려가 부족한 것은 미성숙함의 증거다.

475

배려 속엔 이해와 존중과 친절과 인정(人情)이 내포되어 있다.

배려는 마음의 정원에 피어난 아름답고 향긋한 꽃과 같다.

이는 오직 성숙한 영혼만이 전할 수 있는 깊고 따뜻한 정서적 음파다.

476

다른 이를 소중하게 여길 줄 모르는 사람은

삶에서 가장 소중한 게 무엇인지 모르는 사람이다.

타인을 소중히 여길 때라야 나 또한 소중한 사람이 된다.

477

타인의 마음에 날개를 달아주는 사람이 있다.

타인의 인생에 햇살을 비춰주는 사람이 있다.

지상 어디에선가 날개 없는 천사를 만나는 사람이 있듯이

세상 어딘가에는 스스로 그러한 천사가 되는 사람이 있다.

478

우리는 그 무엇으로든 타인을 도울 수 있다.

우리는 그 무엇으로든 자신을 내어줄 수 있다.

언제나 부족한 것은 오직 기꺼이 돕고자 하는 마음뿐이다.

479

수직적 대화는 대화가 아니다.

그것에는 일방통행만 있을 뿐, 쌍방통행의 소통이 없다.

오직 수직을 누인 수평적 대화만이 유일하게 소통을 가능케 한다.

480

이해와 존중은 친화를 만드는 지름길이요,

무시와 차별은 갈등에 불을 붙이는 도화선이다.

이해와 존중은 예외 없이 수평적 세계관을 지향하지만,

무시와 차별은 예외 없이 수직적 세계관을 고집한다.

481

우월감에 도취되어 있다는 것은

그 영혼의 미숙함을 보여주는 확실한 증거가 된다.

그것은 언제나 타인을 무시하는 마음에서 동력을 얻기 때문이다.

482

교감은 마음과 마음을 연결하는 유일한 다리다.

너와 내가 교감하고 공감할 때에만,

오직 그때 나와 너를 넘어선 '우리'라는 것이 존재한다.

483

이해심은 반드시 겸손함 이후에 온다.

오만한 사람은 자신의 감정과 생각으로 가득 차 있어서

타인을 온전히 받아들이거나 이해할 마음자리가 없는 법이다.

484

이해심은 마음을 여는 첫 번째 열쇠다.

이해심은 가슴을 녹이는 최고의 촉매제다.

이해심은 서로를 결속시키는 매듭이다.

이해심은 관계를 부드럽게 하는 윤활유다.

이해심은 인간됨의 기초이자 성숙함의 지표다.

485

성자의 마음이 치우치지 않는 이유는

누구를 만나도 차별하거나 제외시키는 마음이 없기 때문이다.

사랑의 수평선으로 건너간 마음은 어떠한 조건도, 기울어짐도 없다.

486

약속을 가볍게 여기는 것은

상대방을 가볍게 여긴다는 뜻이다.

약속을 대하는 태도를 보면

그의 마음과 인간적 깊이가 정확히 드러난다.

487

예의는 교양의 첫머리이자 품격의 노른자다.

관계의 본질과 가치를 잘 이해하지 못하는 이는

행복한 사람들과 잘되는 사람들의 기본기가 무엇인지 모른다.

488

첫인상보다 더 중요한 것은 '끝 인상'이다.

그것이 진실이나 실상에 더 가까울 뿐 아니라

마음이나 기억에도 훨씬 더 오래 남는다.

489

나를 다 이해할 수 있는 사람은 세상에 없다.

나도 또한 타인을 온전히 다 이해할 수는 없다.

우리는 '다 알 수 없는 것'에 대해서 여백을 두어야 한다.

이것이 관계에 대한 겸손이 시작되는 출발점이다.

490

세상 그늘 중에 사랑의 그늘보다 더 크고 편안한 것은 없다.

사람들이 다들 마음의 가지가 큰 사람에게 모이는 건 다 이 때문이다.

491

이해보다 비판과 충고가 앞서면 마음은 문을 닫고 뒷걸음질 친다.

누구든 이해와 공감을 먼저 바라지,

차가운 평가와 질정을 먼저 바라지는 않는다.

492

타인을 평가하고 비판하길 좋아하는 것은

열등감에서 기초한 우월감의 산물이요, 오만과 아상의 일종이다.

사랑은 평가나 비판보다 이해와 존중의 손을 먼저 잡는다.

493

사람들은 대체로 자신의 고집에 얼마간 묶여있다.

소통과 이해와 배려가 없는 고집은 불통의 시작점이요,

자신의 삶을 심각하게 고착되게 하는 접착제임에도 불구하고!

494

미워하면 사실을 확대하거나 왜곡해서 보는 경향이 있다.

미움 속에서는 시야와 각도가 한쪽으로 치우쳐지기 때문이다.

하여 미워하는 마음은 대부분 착각의 볼록거울이 된다.

495

자신의 관점으로 듣는 것이 아니라

타인의 관점이 무엇인지를 이해하기 위해 듣는 것,

오직 그럴 때만이 '들었다'고 말할 수 있다.

실은 그럴 때만이 제대로 들을 수 있기 때문이다.

496

기품이 있는 사람에겐 아름다운 삶의 원칙이 있다.

자신을 이롭게 하고, 타인을 이롭게 하는 체화된 사유가 있다.

497

인생에서 '인격'만큼 더 확실하고 중요한 결과물은 없다.

그것은 한 사람이 이룬 궁극적 결과물이자,

삶의 빛과 그림자를 죄다 보여주는 것이기 때문이다.

498

무수한 파도들이 각기 바다의 꼭짓점이듯이

내 삶의 모든 행위는 각기 내 세계의 꼭짓점이다.

그 수많은 꼭짓점들이 모여 내 생의 바다를 이룬다.

499

계곡은 언제나 산의 가장 낮은 곳을 따라 흐른다.

낮은 곳을 따라 아래로 가는 것이 물길을 연다.

낮은 곳으로 가는 따뜻한 마음, 숭고한 행위도 마찬가지다.

낮은 곳을 따라 아래로 가는 사람이 생명의 길을 연다.

500

내 눈에 우습게 보이는 사람은 실은 나의 스승이다.

그는 내게 타인을 우습게 보는 마음을 이겨내고

모든 약자를 존중하는 법을 배우게 하는 존재이기 때문이다.

501

가장 좋은 비판은 말로 하는 게 아니라

어떠한 결과물이나 삶의 모습으로 자신의 뜻을 보여주는 것이다.

그것은 비판이나 시비 없이도 대안을 제시하고 새로운 길을 보여준다.

502

자신의 생각을 타인에게 강요하는 것은

대부분 갈등과 상처를 만든다.

그것은 이해와 수용을 기다리지 못한 채

자신을 옳고 우월한 사람으로,

타인을 부족하고 틀린 사람으로 만들기 때문이다.

503

타인을 긍정한다는 것은

그를 인정하고 수용한다는 뜻이다.

때문에 긍정의 부재는

예외 없이 타인에 대한 부정과 무시로 이어진다.

504

일생 자기 스스로를 조금도 속이지 않고 살아가는 사람,

그렇게 자신의 진실 앞에 늘 명확히 깨어있는 사람,

그런 사람이야말로 지인(至人)이다.

505

정직은 탐욕의 방패다.

이 방패가 깨어지지 않는 한

탐욕이 제힘을 발휘할 기회는 없을 것이다.

탐욕이란 반드시 질서와 양심을 어길 때만

활개를 칠 수 있는 것이기 때문이다.

506

자기 앞의 이익보다 더한 중력을 가진 것은 없다.

그러한 중력에서 자유로운 이가

세상에 귀한 사람이 되는 것은 바로 이 때문이다.

507

새소리가 그 새의 정체성을 가장 잘 나타내주는 것처럼

한 사람이 쓰는 언어는

그의 정체성과 교양과 인격 수준을 가장 잘 나타내준다.

508

한 사람의 인격은

그 사람이 자신의 윗사람을 어떻게 대하느냐보다

자신의 아랫사람을 어떻게 대하느냐에서 더 잘 드러난다.

누구나 아랫사람을 대할 때 마음의 민낯과 진실이

더 잘 표출되기 때문이다.

509

수직적 사고를 버리지 않는 한

어떤 사람도 온전한 인격을 갖출 수 없다.

사람의 존엄성에 위와 아래가 생기면

우월감과 열등감도 필연적으로 발생할 수밖에 없다.

510

역지사지는 모든 이해의 출발점이자,

모든 배려와 친절의 출발점이며,

모든 훌륭한 인격의 출발점이다.

511

입은 마음의 출구와 같아서

품격과 지혜로움도 예외 없이 입을 통해 밖으로 나오고,

천박함과 어리석음도 예외 없이 입을 통해 밖으로 나온다.

512

정직함은 엘리트의 첫 번째 조건이다.

정직하지 않은 엘리트가

세상에 엘리트다운 가치를 만들어내는 법은 없기 때문이다.

513

사람이 양심을 잃으면
인생의 질서도 무너지고, 세상의 질서도 무너진다.
개인의 양심은 세상을 지탱하는 수많은 기둥 중의 하나이다.

514

겸손과 성숙은 대체로 같은 마음 주머니에 담긴다.
오만과 미성숙이 대체로 같은 마음 주머니에 담기듯이!

515

생각이 기울면 편견이 되고,
마음이 기울면 편협함이 된다.
사람이 편벽되거나 삶이 치우쳐져 있는 것은
모두 여기에서 비롯된다.

516

언행일치가 되는 만큼이 나의 진실이다.
진실이란 겉과 속이 하나일 때 진실인 것이니,
그것은 오직 내가 살아낸 것 만큼에만 존재할 것이다.

517

때론 칭찬보다 비판이 훨씬 더 유익할 때가 있다.
날카로운 비판은 칭찬이 결코 줄 수 없는
냉철한 객관화와 자기성찰과 치열한 노력의 시간을 끌어온다.

518

물건을 감싸는 보자기가 그런 것처럼
타인을 감싸안을 만큼 마음이 낮아지지 않고서는
타인을 위해서 무언가 제대로 할 수가 없는 법이다.
그것은 겸손과 배려와 사랑이 결합된 마음이다.

519

겸손은 어디서든 자기 마음의 가장 좋은 밑그림이 되고,
친절은 어디서든 자기 영혼의 가장 좋은 그림자가 되다.

520

소통은 마음이 마음으로 건너가는 징검다리와 같다.
때문에 그것은 반드시 단계와 여백을 필요로 한다.

521

미움은 타인과 자신에게 동시에 쏘는 마음의 화살과 같다.
다만 그 화살은 자기 가슴에 꽂힐 때가 더 많다.

522

질투나 시기심은 금이 간 그릇과 같아서

언제고 평화와 행복이 고일 시간이 없다.

그것은 마음이 새는 일이자, 인생의 누수와 같다.

523

언덕(言德)을 쌓는 것은 인격 수양의 가장 좋은 출발점이다.

말로 덕을 심는 일은

타인과 자신에게 축복의 씨앗을 동시에 뿌리는 것과 같다.

524

닫혀 있는 문은 하나의 벽이듯이

닫혀 있는 마음도 하나의 벽이다.

타인과 소통할 수 없게 하는 벽이자,

동시에 그 속에 자신을 가두는 벽이다.

525

정직은 금보다 훨씬 더 귀한 것이다.

세상에 금이 부족했던 적은 드물지만,

정직이 부족하지 않은 적은 존재한 적이 없다.

526

진정한 우정은

인생의 사막에서 오아시스를 만나는 것과 같다.

다만 이 오아시스는 찾는 것이 아니라 스스로 만들어가는 것이다.

527

다른 이를 배려하고 이롭게 할 때,

내게는 세 가지 이점이 생긴다.

내 마음의 그릇이 커지고, 내 인생의 폭도 커지며,

사랑을 나누는 기쁨을 알게 된다.

528

누구에게나 치부가 있다.

드러난 부분과 드러나지 않은 부분이 있을 뿐이다.

모든 사람의 도덕과 양심과 진실은 그 사이에 있다.

529

격(格)이란 어떠한 수준에 도달했을 때,

자연스럽게 배어 나오는 운치나 기품이다.

격이 느껴지지 않는 사람에겐 삶의 향기가 없다.

530

20대가 순수하기는 쉬워도

40대, 50대가 순수하기는 쉽지 않다.

그것은 오직 때 묻지 않는 마음을 유지할 수 있는

남다른 정신적 자원이 있는 이에게만 가능한 일이다.

531

자신을 속이지 않고, 타인을 속이지 않는 것!

단지 이것만 잘 지킬 수 있어도

좋은 인간이 될 기본기는 다 갖춰진 셈이다.

이 속엔 자신을 지킬 곧음과 순수함이 전제되어 있다.

532

천하에 숨길 게 없는 떳떳함이 있어야 인간으로서의 당당함이 나온다.

그러한 당당함이 있어야 자신의 길을 열어갈

생의 자부심이 흔들리지 않는다.

533

마음이 작은 사람일수록 그 안에 담을 수 있는 세계도 작고,

마음이 큰 사람일수록 그 안에 담을 수 있는 세계도 크다.

그릇은 오직 자신의 깊이와 폭만큼만으로 자신을 채우는 법이다.

534

권위는 실력과 신뢰와 영향력에서 나오지만,

권위주의는 독선과 집착과 우월감에서 나온다.

535

빛은 아무리 작아도 그 크기만큼 어둠을 이긴다.

어떠한 진실이 우리 안에 깨어날 때도 이와 마찬가지다.

536

누구에게나 아무리 주어도 마르지 않는 것이 있다.

온화한 미소, 따뜻한 눈빛, 친절과 배려, 가슴 속의 온기….

우리가 다들 한없이 가지고 있으나 끝내 다 쓰지 못하고 죽는 것!

537

'누구보다 정직하라!'

다른 사람보다 앞서기를 바라는 사람은 많아도

누구보다 정직하기를 바라는 사람은 많지 않다.

하지만 그런 사람이야말로

마음의 반듯함에 있어 가장 앞에 있는 사람이다.

538

우주 그 어디에도

깊은 분노와 원한보다 더 큰 지옥은 없다.

이 지옥은 자신이 스스로 만들었으므로,

오직 자신이 스스로 깨뜨리기 전에는 나올 수가 없다.

539

잘 들으려면 가슴에 여백이 있어야 한다.

가슴에 '말이 담길 공간'이 없는 사람은 잘 들을 수 없다.

잘 듣는다는 것은 내 가슴 속으로

그의 마음이 들어올 수 있도록 공간을 열어주는 일이다.

540

아무것도 숨길 필요가 없고,

아무것도 부끄러울 게 없는 삶을 사는 것이

지상의 모든 이들에게 주어진 가장 숭고한 삶의 과제다.

541

생의 끝자락에 다다랐을 때도 여전히

깨끗한 영혼과 바른 마음을 지닌 사람이 있다.

설령 세상이 몰라도 하늘이 꼭 알아주는 그런 귀한 사람이 있다.

542

말과 행동의 불일치는 길이가 다른 젓가락과 같다.

그것은 보기에도 안 좋고, 쓰임새에도 제 역할을 못 한다.

말과 행동은 모양과 길이가 같을 때에만 온전히 제 역할을 한다.

543

말과 행동의 불일치는 의식의 불균형을 뜻한다.

말과 행동이 일치되지 않는 만큼

그 내면에 어떤 불균형이 존재하고 있는 것이다.

그것은 대개 타인을 기만하거나 혹은 자기 자신을 속인다.

544

좋은 사람이란 올바른 '가치'를 가슴에 깊이 간직한 사람이다.

그것이 올바른 사고와 올바른 행동을 낳고 올바른 사람을 만든다.

가치관은 한 사람의 삶을 만들어 내는 내면의 정신적 설계도와 같다.

545

기분 좋은 말씨는 기분 좋은 관계를 불러오고,

기분 좋은 선행은 기분 좋은 인연을 불러오고,

기분 좋은 배움은 기분 좋은 미래를 불러온다.

546

이타적이지 않은 사람은 결코 예술적인 삶을 살 수 없다.

이타적이지 않고는 그 누구도 결코

타인을 감동시킬 수도, 이롭게 할 수도 없기 때문이다.

547

세상에 자신을 부정하는 사람을 좋아하는 이는 없다.

타인을 '긍정'하는 것은 좋은 관계를 위한 첫걸음이자,

소통과 친밀감의 문을 여는 첫 번째 열쇠다.

548

이타심을 널리 공유하는 것은

사회 발전을 위해 가장 중요한 일이다.

이타심 없이는 그 어떤 문제도 본질적인 해결책이 안 되기 때문이다.

549

원수를 용서하는 것만큼 어려운 일은 없다.

하지만 나를 위해 이보다 더 중요한 일도 없다.

이는 자신의 상처와 분노로부터

완전히 자유로워지는 시작점이기 때문이다.

550

사람을 더 사랑하는 일은

사람을 더 이해하는 데서 시작되고,

사람을 더 이해하는 일은

자신을 더 내려놓는 데서 시작된다.

551

타인에게 존경받고 사랑받지 못한다면

무엇을 성공이라고 할 수 있겠는가.

존경과 사랑이야말로 성공이라는 나무의 아름다운 결실이니!

552

내가 누군가를 사랑하면 사랑하는 내 마음을 보는 것이요,

내가 누군가를 미워하면 미워하는 내 마음을 보는 것이다.

모든 관계는 그 속에서 내가 내 마음을 보는 과정일 뿐이다.

553

우아함은 넘치지 않게 아름다움을 드러내는 것이다.

그것은 순수함과 담백함과 겸허한 마음을 기본으로 한다.

554

사람은 끊임없이 타인을 평가하고 등급을 매기며,

일정한 거리와 무게를 책정한다.

정작 자신의 잣대에 자신이 일생 묶여있는 줄도 모르고서!

555

매너 없음과 정신적 미숙은 거의 항상 비례한다.

매너 없음이란 곧 정신적 미숙의 결과이기 때문이다.

556

인사는 관계의 입구이며, 존중을 담는 그릇이다.

인사를 잘 하지 않는 사람치고

인간됨이 좋은 경우는 거의 드물다.

557

우월감도 없고, 열등감도 없이 타인을 대하는 것,

그것이 마음의 민주주의이자 관계의 민주주의다.

558

남을 즐겁게 하는 법을 배우지 못한 이는 벗을 얻지 못할 것이요,

남을 편안하게 하는 법을 배우지 못한 이는 연인을 얻지 못할 것이요,

남을 이롭게 하는 법을 배우지 못한 이는

이웃과 아랫사람을 얻지 못할 것이다.

559

세상에서 가장 흔한 바보는

누군가를 미워하면서 자신은 올바르다고 여기는 사람이다.

증오의 마음 안에는 정의도 없고, 사랑과 평화도 없다.

560

한 사람의 인격은 투명한 유리잔과 같다.

그 속에 무엇이 담겨 있든 그것은 늘 밖으로 비친다.

561

세상엔 많고 많은 사람이 있지만,

타인의 마음을 데워주는 사람은

따뜻한 눈빛, 따뜻한 말씨, 따뜻한 마음을 가진 사람밖에 없다.

562

이기심보다 좁은 세상은 없다.

그것은 자기 안에 갇힌 세상이자 자신밖에 모르는 세상이므로.

이타심보다 넓은 세상은 없다.

그것은 자기 밖으로 열린 세상이자, 만인과 함께하는 세상이므로.

563

이 세상에 가장 넘쳐나는 것은 이기심이요,

이 세상에 가장 모자라는 것은 이타심이다.

세상에 평화와 공생의 영토가 작은 것은 다 이 때문이다.

564

타인을 이해하는 능력은 인간 됨의 첫 번째 조건이다.

타인을 포용하는 능력은 인간 됨의 두 번째 조건이다.

타인을 배려하는 능력은 인간 됨의 세 번째 조건이다.

565

세상의 주인은

세상을 더없이 사랑하는 사람이요,

세상을 널리 이롭게 하는 사람이요,

세상의 아름다움을 가장 많이 발견하는 사람이다.

제 5 장

지성/지혜
Intelligence/Wisdom

567

책은 지성의 요람이다.

책은 문화의 유전자다.

책은 사회의 젖줄이다.

568

좋은 책은 생각의 거울이 되고,

깨어지지 않는 삶의 거울이 되고,

더 나아가 새로운 빛을 부르는 세상의 거울이 된다.

569

책 속엔 생각의 정원이 있고, 사유의 바다가 있다.

그 속엔 정신의 젖줄과 문화의 정수가 있고,

그와 함께 살아 움직이는 과거와 현재와 미래가 늘 함께 있다.

570

좋은 책은 내 안에 지혜의 문으로 이끌어 준다.

그 문을 통해 무수히 많은 세계를 만날 수 있다.

다만 그 깊은 세계는 끊임없이 길을 찾는 자에게만 열린다.

571

좋은 책이란 삶의 길을 밝혀주는 책이며,

굳어 있는 마음과 의식을 녹이는 책이요,

생각하지 못했던 것을 생각하게 하는 책이요,

잠자는 감성을 깨우고 새로운 시각을 갖게 하는 책이요,

세상 곳곳에 꺼지지 않는 지성의 불빛을 제공하는 책이다.

572

책은 사색의 아궁이요,

독서는 그 아궁이에 불을 붙이는 일이다.

책은 지식과 지혜의 화수분이요,

독서는 사색과 깨우침 사이의 징검다리다.

573

책을 읽는 것도 중요하지만,

더 중요한 것은 그 가치를 내 것으로 만드는 일이다.

내게 성장의 사다리가 되지 못한 책은 종이 뭉치에 불과하다.

574

책을 읽는 사람은 무언가를 배울 수 있다. 하지만

그것을 바탕으로 행동하는 사람은 더 많은 것을 배울 수 있다.

무엇을 배우든 인풋은 아웃풋을 만날 때만 진정한 내 것이 된다.

575

책 속에는 진리도 현실도 없다.

진리와 현실은 오직 내 삶과 세상 속에 있을 뿐이다.

책이란 단지 현실 속 진리를 찾아가게 도와주는 하나의 지도일 뿐이다.

이것이 언제나 지도보다 삶의 체험을 더 중시해야 하는 이유이다.

576

자성(自省)을 동반하지 못한 독서는

등불이 없이 밤길을 가는 것과 같은 독서요,

실행의 체험을 동반하지 못한 독서는

짐만 담긴 바퀴 없는 수레와 같은 독서다.

577

한 번 읽을 가치가 있는 책은 대개 두 번 읽을 가치가 있다.

두 번 읽을 가치가 없는 책은 대개 한 번 읽을 가치도 없다.

578

한 권의 책은 하나의 새로운 세계다.

고로 책을 쓰는 저자는

책이라는 작은 창(窓)으로 새로운 세상 하나를 비춰주는 사람이다.

579

책의 진정한 주인은 책을 가진 사람이 아니라

그 책을 통해 가장 많은 것은 얻어낸 사람이다.

580

좋은 책이란 새로운 눈을 가질 수 있게 하는 책이다.

책이란 나를 깨우는 천 개의 눈이자,

그 시계(視界) 속에서 펼쳐지는 광활하고도 끝없는 여행이다.

581

고전을 비판적 시각으로 읽지 않으면

고전 또한 견고한 하나의 우상에 지나지 않는다.

그것은 어김없이 제한된 사고와 의식의 고착을 낳는다.

582

독서하면서 경험해야 하고,

경험하면서 독서해야 한다.

독서가 없는 경험은 깊이가 얕고,

경험이 없는 독서는 근기가 약하다.

독서는 경험에 지혜와 사유를 더하고,

경험은 독서에 생생함과 현실성을 더한다.

583

책 속에 있는 천 개의 지혜는

현실에서 내가 사용할 수 있는 한 가지 지혜보다 못하다.

아무리 많은 책을 읽었다 해도

내가 사용하지 못하는 지혜는 그것이 아직 내 것이 아님을 반증한다.

584

좋은 책을 아무리 많이 읽어도

이타심과 인류애를 확장시키지 못한다면

영적 측면에선 열심히 제자리걸음을 한 것에 지나지 않는다.

585

좋은 과일이 좋은 토양에서 자라난 것처럼

좋은 글은 좋을 글을 먹고서 자라난 것이다.

좋은 사람을 접하는 것은 좋은 사람이 되는 지름길이듯이

좋은 글을 많이 읽는 것은 좋은 글을 낳는 지름길이다.

586

지적 호기심은 벽을 타고 오르는 덩굴과 같다.

그것이 계속 자라나 내면을 가득 덮으면

그것은 내 영역을 넘어 또 다른 새로운 세계를 보게 할 것이다.

587

삶은 발견의 도미노요, 배움의 도미노요, 깨우침의 도미노다.
하지만 그 첫 번째 핀을 넘어뜨리게 하는 것은 지적 호기심이다.

588

배움은 제3의 유전자다.
무엇보다 세상에 가장 좋은 것들을 배워야 한다.
무엇을 배웠느냐가 어떤 사람이 되느냐를 결정하기 때문이다.

589

가장 좋은 재능은 끊임없이 배울 줄 아는 능력에 있다.
그것은 새로운 세계에 대해 활짝 열려 있는 마음이자
언제나 자신의 가능성에 대한 희망과 믿음에 기초해 있다.

590

배움의 즐거움을 모르는 이는
인간으로서의 태어난 가치를 모르는 사람이다.
배우지 않는 사람은 시간이 흘러도
달라지지 않는 숨 쉬는 화석과 같다.

591

'아는 것이 힘'이라면

배움은 그 힘을 비축하는 유일한 통로이다.

배움의 끝없는 길에서 우리 모두는 언제까지나 입문자요, 여행자다.

592

끊임없는 배움은

새로운 세계를 접하는 최고의 방법이다.

배움은 성장의 사다리요, 삶을 비상케 하는 푸른 날개다.

593

공부한 것이 자신의 언행으로 배어 나오지 않으면

그것은 아직 제대로 배우지 못한 것이다.

배움이란 어디까지나 자신과 삶을 성장시키기 위한 것이므로.

594

끊임없이 질문을 던질 줄 아는 사람만이

진정한 배움의 길을 걷는다.

배움이 수레라면 질문은 사유와 통찰의 수레바퀴다.

595

공부는 모르는 것에 대한 발견이다.

내가 무엇을 얼마나 몰랐던가를 '자각'하는 과정인 것이다.

무지에 대한 자각은

하나의 발견이자 거듭남이므로, 어떠한 면으로든 자신을 고양시킨다.

596

지식인의 중요한 소임 중 하나는 세상에 진실을 전하는 일이다.

진실의 보편화는 세상을 투명하게 하고 건강하게 만든다.

모두가 알아야 할 진실을 누구나 알 수 있는 상식으로 만드는 일,

그것은 지식인이 할 수 있는 가장 영예로운 일일 것이다.

597

지식인이란 시대의 문제에 응답하는 존재이다.

자신만의 응답으로 세상을 마주하지 못하는 이는

어떤 자리에 있든 무능하고 무책임한 백면서생에 불과하다.

598

비판능력이 없으면

문제점이 발견도 안 되고 개선도 안 된다.

이것은 통찰의 관문이자 지성의 척후병이며, 세상부패의 보루다.

599

야성이 없는 사람은 대개 졸장부에 가깝다.

그들에겐 세상의 불의에 저항할 기개와 용기가 없기 때문이다.

야성이 없는 사람 중에 세상에 의미 있는 변화를

만들어 내는 사람은 없다.

600

진정한 지성인은 자기 시대와 불화할 수밖에 없다.

어느 시대든 문제는 항상 있기 마련이며,

그들은 잘못된 것을 가장 많이 지적하는 이들이요,

그것을 끝내 바로잡으려 하는 깨어있는 존재들이기 때문이다.

601

알려지지 않은 '사실과 진실'을 말하는 사람은

우리가 알아야 할 사실과 진실을 전했다는 이유 때문에

언제나 비난과 견제와 소외와 억압의 첫 번째 표적이 된다.

하지만 그들은 항상 '사회의 심지'에 제일 먼저 불을

붙이는 첫 번째 사람이 된다.

602

약자의 편에 서지 않는 이는 지성인이 아니다.

지성이란 세상의 모든 불균형을 바로잡는 데

그 본질적 가치와 의미가 있는 것이기 때문이다.

603

학문이란

삶을 삶답게 하는 모든 길을 찾아내고 열어주는 안내자다.

고로 학문하는 마음의 출발점은

열렬하고 광활한 헌신과 결속과 인류애에 기초해야 한다.

604

학문의 본질은 사람을 살리고 세상을 살리는 데 있다.

고로 모든 학문은 생기(生氣)를 품어내는 아궁이와 같아야 한다.

605

자신의 이론을 생성해 내지 못하는 학자는 일류가 될 수 없는 것처럼

일류의 학문을 생성해 내지 못하는 국가는

선진국이 될 수 없는 법이다.

뛰어난 학자가 나라의 초석이요, 기둥이 되는 것은 이 때문이다.

606

학자는 자기만의 색깔을 가져야 하고, 자기만의 집을 지어야 한다.

그 누구의 아류가 되거나, 그 누구의 그늘 밑에 있어서는 안 된다.

일가(一家)를 이뤄 자신의 세계를 여는 것은

모든 학자의 기본 소임이기 때문이다.

607

지식과 정보는 세상의 활주로가 되어야 한다.

그래서 늘 모두에게 열려 있어야 하고,

유리컵처럼 모두에게 한결같이 투명해야 하는 것이다.

608

지식인은 인류 문화의 상속인이다.

지식은 누구나 가질 수 있는 값없는 재산이지만,

그것을 얼마나 받느냐는 오직 자신의 발분 여하에 달려있다.

609

지식보다 사랑을 먼저 주는 것이 교육의 첫걸음이다.

교육은 사람에 대한 관심과 이해와 존중에서 시작되기 때문이다.

610

교육자는 반드시 끊임없이 배우는 사람이어야 한다.

배움의 가치와 본질을 몸소 보여주지 못하는 사람은

교육자로서 한참 함량 미달일 수밖에 없다.

611

교육은 사람을 키우는 출발점이므로,

교육자는 세상을 바꾸는 최전선에 있는 사람이다.

참다운 교육자를 길러내지 못하는 사회는

새로운 미래를 포기한 사회와 같다.

612

친밀감과 엄격함이 잘 조화되지 않고서

교육이 제대로 이루어지는 법이 없다.

교육에는 반드시 교감과 절제가 필요하기 때문이다.

613

교육자는 세상을 바꿀 변화의 불씨를 만드는 사람이다.

정치인은 세상을 바꿀 변화의 지도를 만드는 사람이다.

614

좋은 스승이란 정신의 새벽을 깨우는 존재다.

일생에 그런 존재를 한 번도 만나지 못하는 것은 서글픈 일이다.

그것은 생의 아침을 눈부시게 할 마음의 빛을 얻는 일과 같으므로.

615

스승이란

좋은 길을 탐구하는 사람이요,

함께 가야 할 길로 이끌어줄 줄 아는 사람이며,

세상에 새로운 길을 제시하는 사람이며,

그 궁극에서는 오롯한 하나의 길이 되는 사람이다.

616

제자에게 자신을 낮출 수 있는 이만이 좋은 스승이 될 수 있다.

그런 사람만이 제자의 마음 아래쪽까지

온전히 끌어안을 수 있기 때문이다.

617

스승됨의 본질은 자리가 아니라 감화력에 있다.

감화력이 없는 이는 무엇도 제대로 가르칠 수가 없다.

감화력이 없는 가르침은 제자의 귀에도,

가슴에도 잘 들어갈 수 없으므로.

618

후학을 두려워하지 않는 사람은 좋은 학자가 되기 어렵고,

제자를 어려워하지 않는 사람은 좋은 선생이 되기 어렵다.

선학이 선학일 수 있는 것은 오직 모범과 성과를 보일 때뿐이다.

619

교과서는 어떤 면에서 지식의 독재와 같다.

그것은 특정 교육 이데올로기가 낳은

하나의 편집이요, 편향이요, 강압에 불과한 것이기 때문이다.

620

개미나 꿀벌에게는 인간의 책이나 문서가 의미가 없듯이

훌륭한 사상이란 오직 그것을 이해할 수 있는 사람과

그것을 가치 있게 사용할 수 있는 사람에게만 의미 있는 것일 뿐이다.

621

심층과 본질을 꿰뚫어 보는 통찰력은

많이 보는 데서, 깊이 보는 데서, 많이 아는 데서 생긴다.

아울러 간절함과 문제의식에서 그 동력을 얻는다.

622

질문하면서 생각하고, 생각하면서 질문하는 것!

관찰하면서 생각하고, 생각하면서 관찰하는 것!

본질을 꿰뚫는 통찰력이란 이러한 과정에서 생기는 것이다.

623

현상 속에 본질이 있고, 본질 속에 현상이 있다.

형태 속에 이미지가 있고, 이미지 속에 형태가 있다.

통찰력이란 이 둘을 함께 볼 수 있을 때 얻어지는 것이다.

624

지혜란 자신의 지식과 경험을 시의적절하게

적재적소에 잘 응용할 수 있는 힘이다.

그것은 맥락과 이치를 읽는 통찰력에서 나온다.

625

모든 글은 각각의 단어가 어떻게 연결되느냐에 달려있고,

모든 음악은 각각의 음이 어떻게 연결되느냐에 달려있다.

세상 모든 것은 어떻게 연결되느냐에 따라

그 가치와 의미가 만들어진다.

626

제 속을 비우지 않은 그릇은 담을 수 없고,

제 속을 비우지 않은 종은 울릴 수 없다.

제 속을 비우지 않은 사랑은 자신을 넘을 수 없고,

제 속을 비우지 않은 사유는 이분법을 넘을 수 없다.

627

소리는 조용할 때 더 잘 들리고,

맛은 혀가 담백할 때 더 잘 느껴진다.

명상은 생각이 고요할 때 더 깊어지고,

사랑은 마음을 넘어설 때 더 잘 느껴진다.

628

가장 아래에 있는 마음만이 모든 것을 껴안을 수 있다.

가장 아래로 가는 손길이

가장 아래에 있는 것을 붙잡을 수 있는 것처럼!

629

상대를 적으로만 여기면

계속 공격과 방어만 하게 되지만,

상대를 변외의 스승으로 여기면

예상치 못했던 관점과 성찰과 배움도 얻게 된다.

630

인생에서 기억해야 할 가장 중요한 지혜가 있다면

어떠한 경우에도 긍정의 마음을 잃지 않는 것이다.

긍정이란 내면 심지를 밝히는 불빛과 같으니,

마음의 불이 꺼지면 삶의 전면적 어둠을 피할 길이 없다.

631

사람은 누구나 지혜로운 만큼 자유로워진다.

반면 어리석은 만큼 어디서든 알게 모르게 구속된다.

어리석음은 자기 안에 늪이요, 어둠이요, 완고한 틀이기 때문이다.

632

세상사를 이해한다는 것은

온갖 사람 속에 오가는 여러 겹의 욕망을 읽는 것이자,

온갖 욕망 속에 흩어져 있는 여러 겹의 갈등과 상처를 읽는 것이다.

633

세상에 가장 가치 있는 것들을 얼마나 접해 보았는가?

삶에서 가장 아름다운 것들을 얼마나 찾아보았는가?

그 속에서 끊임없이 나를 찾는 시간을 얼마나 가져 보았는가?

묻지 않으면 찾을 수 없고, 찾지 않으면 조금도 발견할 수가 없다.

634

사람은 다들

자기 마음이라는 우물 안에서 하늘을 본다.

하지만 대부분의 사람들은

자기 마음이 내 안에 지어진 하나의 작은 우물임을 알지 못한다.

635

사람은 각자의 삶 속에서 언제나

저마다 자신의 욕망과 자신의 의미만을 캐 먹으며 산다.

소라게가 바다 전체를 보지 못하듯

사람은 대부분 자기 욕망과 의미 너머를 보는 경우가 드물다.

636

생각이 굳어지면 몸과 마음도 굳어진다.

어디 몸과 마음뿐이겠는가.

관계도 굳어지고, 시간도 굳어지고, 삶도 따라서 굳어진다.

637

사람의 눈빛이 그러하듯

진심을 담은 글에는 그 영혼의 지문이 새겨진다.

진심이 담긴 글에 생명력이 깃드는 것은 이 때문이다.

638

머리로 하는 말이 있고, 가슴으로 하는 말이 있듯

머리로 쓰는 글이 있고, 가슴으로 쓰는 글이 있다.

머리로 하는 일이 있고, 가슴으로 하는 일이 있듯

머리로 사는 삶이 있고, 가슴으로 사는 삶이 있다.

639

작가는 '어떻게 쓸 것인가'보다
'어떻게 살아갈 것인가'를 먼저 고민해야 한다.
그래야 자기 삶과 닮은 진실한 글,
삶에 가치를 더하는 글을 쓸 수 있을 것이므로.

640

머리와 가슴이 일치하는 글을 써야 한다.
삶과 메시지가 일치하는 글을 써야 한다.
진실과 진정성의 순도가 높은 글은 그럴 때 만들어지기 때문이다.

641

글쓰기에 자신의 진실과 성심을 담는 것은
일종의 명상이나 자기 수련이 된다.
그것은 내면의 자각을 일깨우고 생각의 길을 열어준다.

642

창조적인 글쓰기는 창조적인 독서에서 나온다.
읽는 수준이 달라져야만 쓰는 수준이 달라진다.
읽기는 모든 글쓰기의 자양분이요, 그 생명력의 젖줄이다.

643

우리의 가슴에는 누구나 한없는 언어의 우물이 있다.

관건은 거기서 무엇을 얼마만큼 퍼 올리느냐에 있다.

644

한 사람이 하는 말들 속에는

그의 인생의 빛과 음영이 다 담겨 있다.

말은 영혼의 그림자이자, 인생의 그림자이므로!

645

오직 시정(詩情)이 있는 사람이라야

꽃의 웃음소리와 이끼의 속삭임을 들을 수 있을 것이요,

비와 구름의 이야기와 바람의 노래를 들을 수 있을 것이다.

646

시심(詩心)이란 만물에 대한 애정 어린 관심과 교감이다.

때문에 시인이 아니어도 시심은 누구나 간직하는 게 좋다.

그것은 깨어있는 감성으로 삶의 촉감을

윤택하게 만들어주는 것이므로!

647

마음이 잘 움직이지 않을 때는 몸을 움직여야 한다.

몸을 계속 움직이다 보면 마음도 따라서 움직이기 때문이다.

648

몸이 앞서면 그림자가 따라가듯이
행동이 앞서면 마음도, 시간도 그 뒤를 따라간다.

649

사람들은 자신이 무엇을 모르는지 모른다.
무엇을 모르는지 모르기에 무엇을 알아야 할지도 모른다.
자신이 무엇을 알아야 하는지를 알아가는 것이
생의 과제이자 여정이다.

650

생각에도 날개가 있다.
그것이 어디까지 날아갈 수 있는 날개인가가
대부분 그 삶의 테두리와 의식세계의 모든 것을 결정한다.

651

어떤 일을 함에 있어
문제나 부조화가 발생하는 부분은
내가 어떤 면에서 부족한지를 정확히 알게 해주는 시금석이다.

652

시간을 의미 있게 쓴 사람은

시간을 그냥 흘려보낸 것이 아니라

자기의 안과 밖에 지워지지 않는 시간의 무늬를 만든 사람이다.

653

1초는 다시없을 1초의 기회이다.

10초는 다시없을 10초의 기회이다.

생의 모든 순간, 모든 기회가 죄다 그러하다.

654

시간을 헛되게 하지 않는 것은 몰입과 현존뿐이다.

인생을 한순간도 낭비하지 않는 유일한 방법은 이것뿐이다.

655

긍정적이고, 적극적이고, 능동적인 사람이 되어야 한다.

그러면 부정적이고, 소극적이고, 수동적인 사람보다

훨씬 더 많은 행운과 성공이 나를 따라오게 될 것이니.

656

죽음을 거부할 수 있는 사람은 단 한 명도 없다.

자기 자신을 속일 수 있는 사람도 단 한 명도 없다.

자기 행위에서 자유로울 수 있는 사람도 단 한 명도 없다.

657

인간은 모두 자기 삶의 창조자다.

우리는 각자 자기 삶의 최고치를 위하여

끊임없이 절차탁마하는 '삶의 장인'이 되어야 한다.

658

올바른 마음보다 더 좋은 인생의 안전지대는 없다.

잘못된 마음보다 더 위험한 인생의 낭떠러지는 없다.

659

거짓과 이기가 점철된 세상에서

초연한 마음보다 인생에 더 값진 것도 없고,

초연한 마음보다 인생에 더 대단한 지혜도 없다.

660

세상에 불확실하지 않은 시대가 있었던가!

불확실하기에 삶은 늘 다양한 가능성으로 열려 있는 것이다.

불확실함은 변화와 가능성으로 가득한 미지 속의 문이다.

661

나이가 계속 늘어가는 데도

삶과 세계에 대한 더 넓은 시각과 더 깊은 이해를 갖지 못하면

결코 제대로 사는 것이라 말할 수 없다.

662

생에 가치 없는 순간은 단 한 순간도 없다.

가치 없이 보낸 순간과

가치를 발견하지 못한 무자각의 순간이 있을 뿐.

663

내가 가진 것으로 내 삶의 최고치를 뽑아내는 것,

그것으로 세상이라는 퍼즐에 자신의 자리를 채우는 것,

이것은 모든 이가 하늘로부터 받는 고귀한 천명이다.

664

어떤 일이든 '의미'에 '재미'를 더해야 최적의 상태가 되고,

어떤 만남이든 '존중'에 '이해'를 더해야 최상의 상태가 된다.

665

채워서 얻어지는 만족이 있고,

비워서 얻어지는 만족이 있다.

채워서 얻어지는 만족은 나를 충족케 하지만

비워서 얻어지는 만족은 나를 초월케 한다.

666

산 정상에 올라 보지 못하면

그 산 너머에 무엇이 있는지를 알지 못한다.

인생살이의 모든 산과 산들이 또한 그러하듯이!

667

정직한 성공만이 진짜 성공이다.

그렇지 않은 성공은 세상을 잘 속인 것에 지나지 않는다.

떳떳하고 부끄럽지 않은 삶은 그 어떤 성공보다 더 중요한 것이다.

668

내가 무엇에 흔들린다는 것은

삶의 중심을 잘 잡으라고 알려주는 신호와 같다.

'나'를 잃어버릴 때 나는 계속 흔들릴 수밖에 없다.

그 어떤 경우든 나를 흔들리지 않게 하는 것은

자신에 대한 전면적이고도 조건 없는 수용과 사랑뿐이다.

669

고귀한 목표를 가진 사람만이

삶을 멀리 보고, 크게 보고, 깊이 본다.

하여 그런 사람만이 멀리 가고, 크게 이루고, 깊이를 얻는다.

670

열정이 없는 사람은 엔진 없는 자동차와 같고,

이상이 없는 사람은 렌즈 없는 망원경과 같고,

정직이 없는 사람은 서까래 없는 기와집과 같다.

671

시간을 가장 가치 있게 쓰는 사람은

지금 이 순간의 최대치를 살아가는 사람이다.

현존하지 못하는 삶은 구멍 난 시간의 항아리와 같다.

672

소인은 예외 없이 이기적이고,

대인은 예외 없이 이타적이다.

이기주의의 궁극은 범죄자요,

이타주의의 궁극은 성인이다.

673

정직한 이는 세상의 소금이 되고,

진실한 이는 세상의 거울이 된다.

674

정직하지 않은 사람의 마음은 깨어진 거울과 같아서

삶에 있어 무엇 하나 제대로 그 진실을 비추지 못한다.

675

삶은 수많은 순간으로 점철되어 있다.

하지만 순간순간을 가치 있게 보내는 이만이

오직 한 번뿐인 '이 순간'의 가치가 무엇인지를 안다.

676

살아가야 할 이유를 아는 것은

내 삶의 철학을 얻는 첩경이다.

내 삶의 이유, 이보다 더 실용적인 철학은 없다.

677

시간의 빛깔은 어떤 마음을 가지느냐,

어떤 사람을 만나느냐, 어떤 일을 하느냐,

이 세 가지를 따라 계속 달라진다.

678

미숙함은 모든 실수의 기원이요,

미성숙은 모든 불행의 기원이다.

679

그 무엇이든 좋아하면 집중하고 몰입할 수 있다.

좋아하고 몰입하면 오래 지속하는 것도 더 쉬워진다.

좋아하고 몰입하면서 지속하는 것보다 '달통하는 더 좋은 방법'은 없다.

680

순간순간 깨어있는 것이야말로 참으로 현명한 것이며,

순간순간 감동할 수 있는 것이야말로 참으로 지혜로운 것이다.

681

희망을 가질 수 있는 능력,

그것을 전제로 지금 바로 할 수 행동을 찾은 것은

최상의 지혜 중에 하나다.

희망의 실천은 삶의 어둠을 밝힐 수 있는 빛과 같은 것이기 때문이다.

682

자신을 위해 기도하는 사람은 많아도

타인을 위해 기도하는 사람은 드물다.

그러나 진정한 기도는 대개 이 두 마음이 하나가 될 때 이루어진다.

683

사람마다 생각이 무수히 다르다는 것은

누구에게나 생각이 치우쳐져 있는 부분이 있음을 의미한다.

때문에 그 차이를 이해하는 것은

사고의 폭을 넓히는 것은 물론이요,

인간을 제대로 아는 데도 필수적이다.

684

새로운 세계를 만나면

내 안에도 새로운 세계가 커진다.

하여 새로운 것을 접하는 것은

나도 몰랐던 새로운 나를 만나는 일이 된다.

685

미움이나 분노로 할 수 있는 일보다

사랑으로 할 수 있는 일이 훨씬 더 많다.

지성이란 그것을 찬찬히 찾아가는 지혜와 비전과 끈기에 있다.

686

세상엔 왜곡되거나 숨겨진 진실이 너무나 많다.

깨어있다는 것은 이러한 진실을 아는 데 있으니,

지성이란 그러한 진실을 찾고자 하는 열린 자세로부터 출발한다.

687

삶이 진지해지려면 이상과 슬픔이 함께 있어야 한다.

이상은 삶을 일으켜 세워주지만,

슬픔은 삶의 가벼움을 막아준다.

688

오직 지혜로운 이만이 지속적으로 긍정할 수 있다.

긍정은 수용이요, 용기요, 끈기요, 사랑이기 때문이다.

689

삶의 목표를 확고히 정하는 것,

이것을 이루기 위해 시간 관리를 철저히 하는 것,

이것이 인생을 잘사는 데 가장 중요한 첫 번째 지혜이다.

690

삶의 시간 동안

가능한 좋은 사람들을 더 만나야 한다.

그것은 지상에 누릴 수 있는 가장 뜻깊은 체험이요,

내 삶을 거듭나게 하는 가장 좋은 디딤돌이 된다.

691

안목을 높이는 것은 삶의 고도를 높이는 일과 같다.

안목이 없으면 생의 긴 시간 동안 줄곧

세상의 일부나 표피만을 보면서 살 수밖에 없다.

그것은 무지와 착각과 편견이 반복되는 미로와 같다.

692

후회할 행동을 미리 하지 않는 것,

그것이 삶의 지혜요, 통찰이요, 경륜이다.

이는 모두 깨어있음과 선견지명에서 나오는 것이다.

693

물결은 바람의 지문이다.

그리움을 사랑의 지문이다.

추억은 기억의 지문이다.

변화는 세월의 지문이다.

694

아름다운 표현은 아름다운 정신에 기초해 있어야 한다.

그렇지 않으면 그 가치나 진실성이 쉽게 흔들릴 것이다.

아름다운 정신은 세상 모든 꽃과 열매의 뿌리이기 때문이다.

695

고전이라는 우상에 침몰되지 말라.

죽은 사람의 말을 앵무새처럼 자기 입에 걸기보다는

어떤 말이든 자신의 피와 살이 담긴 살아 있는 자신의 말을 하라.

아무리 커도 타인의 황금은 내 밥 한 그릇만 못하다.

696

책 중에는 원류가 되는 책이 있고, 아류가 되는 책들이 있다.

사람 중에도 원류가 되는 이가 있고, 아류가 되는 이들이 있다.

이는 모두 원류가 되는 '정신과 가치'를

가졌느냐 못 가졌느냐에 따른 차이다.

697

감동은 마음의 공명이자, 가슴의 진리이다.

감동은 영혼의 요람이자, 예술의 기원이다.

사람을 좋게 변화시키는 데 있어 감동만큼 좋은 촉매제는 없다.

698

무언가에 감동을 받아 본 체험은

그의 내면을 변화시킬 뿐 아니라 새로운 행위의 기폭제가 된다.

이로 인해 그 또한 다른 감동을 줄 수 있는 사람이 되게 만든다.

699

예술은 감성의 폭과 깊이를 더해야 하고,

삶의 가치와 긍정에 기여해야 하며,

사람과 삶을 더 사랑할 수 있게 해야 한다.

그것이 모든 예술적 가치의 본질적 특성이다.

700

삶과 죽음이 무엇인지 알아야

어떻게 살고, 어떻게 죽을 것인지를 판단할 수 있지 않겠는가.

그런 점에서 삶과 죽음이 무엇인지 정확히 아는 것은

인간의 지적 사유에 있어 가장 중차대한 일일 것이다.

701

아는 만큼 보이는 것이 아니라

이해한 만큼 보이는 것이다.

이해한 만큼이 나의 세계요,

내 안과 밖이 만나는 유일한 접점이다.

702

길게 보면

지금 나쁜 게 꼭 나쁜 것만은 아닐 때가 있다.

나쁜 것이 좋은 것이 될 수 있는 변곡점에

예상 밖의 치유와 의식성장과 생의 커다란 섭리가 있다.

703

어떤 상황에서든 가장 좋은 관점을 택해야 한다.

그것은 자신이 얻을 수 있는

삶의 가장 좋은 시야와 전망을 얻는 일과 같으므로!

704

관점을 바꾼다는 것은 마음의 각도를 바꾸는 것이자,

세상이 내 안으로 들어오는 방식을 바꾸는 것이니,

이는 새로운 삶과 새로운 세상을 만나는 가장 빠른 길이다.

705

현명함이란 '해야 할 일'을 정확히 아는 것이다.

해야 할 일을 직시하고 집중한다면

하지 않아도 될 일에 시간을 낭비하는 것은 저절로 줄어들 것이다.

706

내가 움직일 수 있는 것은 '지금'뿐이다.

'지금'을 움직일 때, 나도 바뀌고 미래도 바뀐다.

'지금'을 움직일 수 있는 것은 깨어있는 마음뿐이다.

707

좋은 눈을 가진 사람은 많지 않다.

언제 어디서 무엇을 보든 '그것'은

그 의식의 수준과 자각의 선명도에 비례하는 것이므로!

708

경험되지 않는 지식은 진정한 내 것이 아니다.

삶이란 기억의 차원의 아니라 체험의 차원이기 때문이다.

체험의 차원을 거친 것만이 온전히 내 것이 된다.

709

한 사람의 언어 습관에는

그 운명의 기본 무늬가 새겨져 있다.

자기 언어의 테두리를 벗어나는 사람은 없다.

710

하늘에 별이 보이지 않을 때도 별은 언제나 존재한다.

우리 삶 속에 깃들어 있는 섭리나 진리 또한 이와 마찬가지다.

711

어떤 산이든 하나의 산을 넘는 사람만이

그다음 산을 직접 마주 대할 수 있다.

인생 여정에서 만나는 모든 삶의 산도 이와 마찬가지다.

712

사람은 과거라는 토양에서 자라는 나무와 같다.

자신의 모든 경험은 자기 아래로 떨어져

자신을 형성하고 키우는 흙과 거름과 같은 것이므로.

713

맥락이란 전체 지형에 대한 이해 속에서 나오는 것이다.

인생에 반드시 넓은 시야를 가져야 하는 것은 이 때문이다.

넓은 시야가 있어야만 내가 어디서 어디로 가야 하는지를 알 수 있다.

714

치우치지 않는 시각을 가진 사람은 참으로 드물다.

균형 잡힌 시각은 사실과 진실 사이에 있는 것이요,

주관과 객관 사이에 있는 것이며,

무엇보다 이해득실 너머에 있는 것이기 때문이다.

715

늘 그렇듯 '보이는 것'이 다가 아니다.

게다가 우리는 대개 대상의 일부나 표층만을 본다.

보이는 것 속엔 보이지 않는 것이 깃들어 있는 법이다.

제대로 보려면 보이는 것으로 보이지 않는 것까지 보아야 한다.

716

세상에 좋은 말은 넘쳐난다.

하지만 그 말을 제대로 이해하고 체득한 사람은 드물다.

제대로 이해하고 체득했다면 그렇게 살지 않을 수 없기 때문이다.

717

누구에게나 세상이 유일한 학습장이며,

삶이 궁극의 스승이다.

삶의 온갖 고통과 아픔이 가장 효과적인 자명종이며,

온갖 희로애락이 나를 비춰보는 가장 정확한 교과서다.

718

인생학교에서는 경험이 유일한 수업이요,

그 속에서의 얻어지는 깨우침이 유일한 과제다.

삶의 의미란 그 과제를 잘 풀 때만 얻어지는 것이다.

719

어떤 기회는 두세 번 있을 수 있지만,

정말 간절한데도 다시는 기회가 없을 때도 있다.

삶은 수많은 순간의 연속이지만,

다시는 돌이킬 수 없는 일기일회의 빗장과 같다.

720

내 밖에도 수많은 길이 있고,

내 안에도 수많은 길이 있다.

인생은 오직 내가 걷는 길을 따라 펼쳐질 테지만,

그 두 길은 언제나 반드시 겹쳐질 것이다.

721

부분적 진실을 아는 것은 쉬워도

총체적 진실을 아는 것은 쉽지 않다.

그것은 총체적인 정보와 통합적인 시각이 전제되어야 하기 때문이다.

722

원칙을 지켰을 때 생기는 문제는 대체로

원칙을 지키지 않았을 때 생기는 문제에 비하면 아주 미미한 것이다.

원칙은 세상만사 모든 것에 들어있어야 하는 정신적 뼈대다.

723

우리 삶의 시간 속에 똑같은 것은 없다.

세상엔 오직 무수한 차이만이 있을 뿐이다.

우주의 흐름은 크고 작은 차이의 끝없는 도미노다.

724

사람은 리얼리즘과 휴머니즘이란 두 다리로 걸어야 한다.

누구나 그럴 때라야

인간다움과 인생의 적절한 균형을 유지할 수 있다.

725

예술가는 언제나 세상의 길 너머로 간다.
예술은 세상의 경계를 넘나들면서
새로운 세계를 만드는 것이기 때문이다.

726

삶은 죽음을 전제로 통찰하는 것이다.
영화가 끝나기 전에 그 영화에 대해 이야기할 수 없듯이
죽음에 대한 고찰 없이는 삶을 제대로 관조할 수 없다.

727

세상사의 거친 소용돌이 속에서도
자기 고유의 속도와 리듬을 가진 이만이
시간의 부자가 되거나 시간의 주인이 될 수 있다.

728

내 인생에서 가장 소중한 것은 무엇인가?
이 세상에서 가장 소중한 것은 무엇인가?
삶의 의미는 이 두 가지 사이에서 찾아야 한다.

729

가난은 사람의 마음을 오목거울로 만들고,
부귀는 사람의 마음을 볼록거울로 만든다.

730

순간은 시간의 화살이다.

영원은 시간의 과녁이다.

731

눈이 가까운 것도 보고 멀리 있는 것도 보듯이

마음도 가까운 것도 보고 멀리 있는 것도 볼 수 있어야 한다.

삶을 넓게도 보고 길게도 보아야 부분이 아니라 전체가 보인다.

732

세상의 진실과 거짓을 모르고 살아가는 것은

100년을 살아도 정신적 소경과 다를 바 없다.

언제 어디서든 사람은 견문의 문을 항상 열어놓아야 한다.

733

무엇을 모르는지를 아는 것이 모든 앎의 시작이다.

내 안에 끝없는 무지가 있다는 것을 아는 것은

미몽에서 깨어나는 출발점이요, 겸손의 반석이며, 지성의 요람이다.

734

자기 마음을 다스릴 줄 알아야 어른이 된다.

그래야 자기 삶을 컨트롤할 수 있기 때문이다.

어른이란 자신의 마음과 삶을 잘 경영할 줄 아는 사람이다.

735

어른이 된다는 건 이해의 폭이 넓어지는 일이다.

때문에 삶을 가장 깊이 이해한 이가 가장 어른이 된다.

성인이 시공을 넘어 만인의 어른이 되는 것은 이 때문이다.

736

옳은 것 같은데 그른 것이 있고,

그른 것 같은데 옳은 것이 있다.

보이는 것 속에 보이지 않는 것을 보아야 하고,

형상 너머에 있는 본질을 보아야 하는 이유이다.

737

어떤 일이든

처음에는 사실이라는 거울에 비춰보아야 하고,

그다음에는 진실이라는 거울에 비춰보아야 한다.

그래야 사실과 진실, 그리고 그 사이의 맥락과 의미를 볼 수 있다.

738

대부분의 사람들은

자기가 보고 싶은 대로 보고,

자기가 믿은 싶은 대로 믿으면서

그것을 사실이나 진실이라고 생각한다.

이것이 모든 예고의 본질이요, 공통점이다.

739

자기 자신과 절실히 독대해 보지 못한 사람은

내가 모르는 나를 끝내 만나지 보지 못한다.

'나'는 나와 가장 가까이에 있는 거대한 미지다.

740

정직한 것이 가장 안전하고 귀한 것이다.

개인이든 사회든 정직하지 않는 것이 장기적으로

모두에게 온전하고 가치 있는 것이 되는 법은 없다.

741

거울에 녹이나 더께가 끼면 빛이 사라진다.

순수함을 잃은 사람의 마음도 이와 마찬가지다.

순수함이란 우리 삶을 비추는 근원적 빛과 같은 것이므로.

742

소비가 삶을 풍요롭게 하는 경우도 있지만, 그 반대인 경우도 있다.

언제나, '잘 쓰는 것'은 '잘 버는 것' 못지않게 중요하다.

그것은 인생을 사용하는 법과 직결되는 문제이기 때문이다.

743

지식은 내 정신을 깨우는 전기와 같아야 한다.

그것은 삶을 관통하는 빛이요, 지속적인 에너지여야 한다.

744

순수한 양심은 나를 지키는 칼이다.

내가 스스로 버리지 않는 한

그것은 녹슬지 않는 칼이며, 부러지지 않는 칼이다.

745

양심은 깨어지지 않는 인생의 반석이요,

정직은 흔들리지 않는 인격의 주춧돌이다.

양심은 자신을 비추는 첫 번째 거울이요,

정직은 자신을 받치는 마지막 기둥이다.

746

모든 것을 긍정할 수 있어야 모든 것에서 자유로울 수 있다.

모든 것을 긍정할 수 있어야 모든 것을 사랑할 수 있는 것처럼!

747

더 높이 올라가야 시야가 넓어지듯

더 경지가 높아져야 풍광이 달라진다.

어떤 분야든 고수가 되기 전에는 부분만 볼 뿐이다.

748

해야 할 일과 하지 말아야 할 일을

잘 분별할 줄 아는 것이 지혜의 출발점이다.

해야 할 일은 반드시 하고

하지 말아야 할 일을 결코 하지 않는 것이 현명함의 초석이다.

749

거짓에는 유통기한이 있지만,

진실에는 그런 기한이 없다.

진실은 온전하고 영구적인 것이기 때문이다.

750

어둠이 빛을 소중하게 만들어주듯

죽음은 삶을 소중하게 만들어준다.

삶은 죽음의 심연 속에서 피어난 꽃이다.

751

생화(生花)에겐 죽음이 있지만, 조화(造花)에겐 죽음이 없다.

생화가 조화보다 아름다운 것은

그 생명의 아름다움을 죽음이 고이 받쳐주고 있기 때문이다.

752

무지와 어리석음은 대부분

'내 생각이 맞다'는 착각에서 비롯된다.

생각의 독선과 우월주의는 에고의 기원일 뿐 아니라

세상에 편재되어 있는 모든 분쟁과 갈등의 발화점이다.

753

생각의 문을 열어주는 생각이 있듯, 그 반대인 생각도 있다.

사념의 울타리를 벗어나게 하는 생각이 있듯, 그 반대인 생각도 있다.

나를 깨우는 생각이 없으면 늘 거대한 무지와

고착 속에서 살아갈 수밖에 없다.

754

학습된 편견과 사회적 편견은 집단적 세뇌와 같다.

깨어있다는 것은 세상이 부여한 모든 세뇌에서 벗어나는 것이요,

그러한 자각과 통찰 속에서 자유롭게 사유할 수 있는 자세요,

능력이다.

755

진실이 없는 곳에 정의가 있을 리 없고,

정의가 없는 곳에 번영이 있을 리 없다.

번영이 없는 것은 진실과 정의를 잃었기 때문이다.

756

진실을 말해줘야 좋을 때가 있고,

진실을 말하지 않아야 좋을 때가 있다.

선의의 거짓말이 독이 될 때도 있고,

거친 폭로가 새로운 변화의 동력이 될 때도 있다.

757

세상엔 돈과 자기 이익밖에 모르는 사람,

어디서든 자기 입장밖에 모르는 사람들이 넘쳐난다.

그 무엇을 가졌든 그들은 내면이 빈곤한 정신적 불구자에 가깝다.

758

가져보기 전에는 결코 알 수 없는 게 있듯

잃어보기 전에는 결코 알 수 없는 게 있다.

오직 잃어버렸을 때에야 무엇을 가졌었는지 알 수 있을 때가 있다.

759

생각의 그릇을 키우지 못하는 공부는

좋은 사람을 만들 수 없다.

'진정한 공부'는 더 큰 사람을 만들기에

어떠한 면으로든 타인과 세상을 이롭게 한다.

760

경험이 내 시야를 넓히기도 하지만,

경험이 내 시야를 좁히기도 한다.

자신의 경험 필터대로만 생각하는 이는

그 이외의 것을 이해하거나 받아들이기 어렵다.

761

변명을 버리지 않으면

무능과 무책임의 그림자 또한 지울 수 없다.

762

자기 삶에 대한 책임을 회피하는 것은 쉬우나

그만큼 자기 삶의 진실과 중심을 찾는 것은 더 어려워진다.

763

공부가 제대로 된 사람은 결코 오만할 수가 없다.

오만은 오직 무지와 착각에서만 나오는 것이기 때문이다.

764

진정 분노해야 할 일에 분노해야 분노다.

진정 눈물 흘릴 일에 눈물을 흘려야 눈물이다.

765

잘못된 것에 순응하는 것은

순응이 아니라 비겁이요,

드러나지 않은 치욕이요, 소리 없는 참패다.

766

패배와 비슷한 승리가 있고, 승리와 비슷한 패배가 있다.

오욕과 비슷한 영예가 있고, 영예와 비슷한 오욕이 있다.

767

선(線)에는 지켜야 할 선이 있고, 지워야 할 선이 있다.

지켜서 아름다운 게 있고, 지워서 자유로워지는 것이 있다.

그 경계를 잘 아는 것이 선(善)과 지혜의 시작점이다.

768

모든 행동에는 원인이 있으니,

이를 알면 인간에 대한 이해가 깊어진다.

모든 사건에는 원인이 있으니,

이를 알면 인생에 대한 이해가 깊어진다.

모든 현상에는 원인이 있으니,

이를 알면 세상에 대한 이해가 깊어진다.

769

관계 속에 있는 사상만이 가치가 있는 것이다.

사랑 속에 있는 사상만이 가치가 있는 것이다.

조화 속에 있는 사상만이 가치가 있는 것이다.

그 나머지는 아직 미숙하거나 찌꺼기일 따름이다.

770

인간과 세상에 대한 깊은 사랑 없이는

어떠한 철학도 온전한 것이 될 수 없다.

철학은 오직 삶에 대한 우리의 사랑을

더 깊이, 다각도로 일깨우기 위한 것이기 때문이다.

771

철학은 지혜롭고 가치 있는 생각,

사람과 세상에 꼭 필요한 생각,

인간을 인간답게 하고, 삶을 삶답게 하는 깊고 넓은 생각,

그 이상도, 그 이하도 아니다.

772

어떤 사상이나 철학도 이기주의를 넘어서지 못하면

이기주의를 위해 움직이는 도구에 지나지 않는다.

철학의 본질은 자아를 넘어서는 길을 제시하는 데 있다.

773

용서할 수 없는 것을 용서하고,

사랑할 수 없는 것을 사랑하는 것,

이기심을 이타심으로 전환하는 것,

이보다 더 심오한 정신이나 철학은 없다.

그것은 모두 자아를 넘어서야 가능한 일이다.

774

철학은 명상과 만나 머리에서 가슴으로 내려와야 한다.

지성은 영성과 만나 에고에서 신성으로 거듭나야 한다.

한쪽만의 눈으로는 결코 진실과 진리를

제대로 다 볼 수 없기 때문이다.

775

사람과 사람에 대한 폭넓은 사랑과

이를 위한 가장 효과적이고 광범위한 실천 계획을 제외하고서

인간이 논해야 할 철학은 아무것도 없다.

사랑은 가장 좋은 해답이며, 가장 높은 철학인 까닭이다.

776

철학은 책이나 글 속에 있는 것이 아니다.

진짜 철학은 오직 행동과 삶으로 드러나는 것이다.

어떠한 경우에도 철학은 그것의 심리적 도안일 뿐이다.

777

철학의 첫 번째 의무는 무엇보다

성숙하고 훌륭한 인격을 갖게 하는 데 있다.

훌륭한 인격은 좋은 철학의 결정체이기 때문이다.

훌륭한 인격이 곧 삶으로 보여줄 수 있는 유일한 철학이다.

778

철학이 철학다워지려면

세상 모든 거짓과 무지와 탐욕과 만나야 하고,

세상 모든 아픔과 절망과 분노와 만나야 하고,

무엇보다 우리 모두의 내면 속에 있는 신성한 사랑과 만나야 한다.

779

세상에서 가장 먼 거리는

이기심에서 이타심까지, 분리의식에서 합일의식까지다.

이것이 세상 모든 철학이 풀어야 할 첫 번째 과제이자, 궁극의 과제다.

780

철학의 궁극은 깨달음이다.

철학이란 의식의 창을 여는 일이요,

삶의 진실과 진리를 깨우치는 과정이요,

사랑으로 내면의 우주를 완성하는 일이기 때문이다.

781

어떤 철학도 이기심과 이분법을 넘지 못하면

무늬만 화려한 빈 상자에 지나지 않는다.

인간사 모든 것은 결국 욕망과 그로 인한 갈등의 문제이기 때문이다.

782

사랑의 구체적 실천으로 이어지지 않는 철학은

관념의 유희에 지나지 않는다.

철학은 사랑을 세상에 전면적이고도 다면적으로

실현할 지혜여야만 한다.

783

철학은 현실 문제를 해결할 수 있는 지혜여야 하고,

실제 적용 가능한 기준과 플랜을 제공해야 한다.

그런 것이 없는 철학이란 가로대가 없는 거창한 사다리에 불과하다.

사랑이란 상대라는 거울을 통해
내가 보지 못했던 내면의 빛을 얻는 일이자,
그 빛을 통해 삶의 길을 비춰보는 일이다.

제 6 장

인생/사람
Life/People

인생/사람
Life/People

제6장

784

삶의 모든 것은

한 사람이 지닌 정신세계의 그림자일 뿐이다.

삶이란 마음이라는 영사기에 비치는 영상과 같은 것이기 때문이다.

785

삶은 거대하고 끝없는 신비다.

그 신비는 우주의 모든 것과 연결되어 있다.

삶이 허무하거나 무의미하다고 느끼는 사람은

아직 그 신비의 문을 조금도 열지 못했기 때문이다.

786

인생이란 시간을 담는 그릇이다.

자기 안에 '어떤 시간'을 담느냐에 따라

그 삶의 얼굴이 고스란히 만들어지기 때문이다.

787

무엇이 삶의 시작이고, 무엇이 삶의 끝인가?

이상을 가지는 것이 삶의 시작이고,

이상을 잃어버리는 것이 삶의 끝이다.

788

삶이란 어떻게 살아야 하는지를 배우는 긴 여정과 같다.

삶은 거울 같은 값없는 영혼의 수업이므로

진지한 자성과 치열한 사색 없이는 아무것도 배울 수 없다.

789

내 삶으로 누군가의 준칙이나 롤모델이 되는 것,

이보다 더 아름답고 강력한 교시(敎示)가 어디 있으랴.

790

한 사람의 성격은 그의 운명을 예언하는 복선과 같다.

한 사람의 습관은 그의 운명을 완성하는 질료와 같다.

791

삶의 의미는

하늘이 내게 부여한 의미와

내가 스스로 찾은 의미 사이에 있다.

그것은 나의 뜻으로 내 천명을 빛나게 하는 일이다.

792

삶이 무의미하게 느껴지는 이유는

삶의 목적이 무엇인지 알지 못하기 때문이다.

그 속엔 절절한 소명과 가치와 섭리와 천명이 있으니,

이것은 우리가 알아야 할 첫 번째 것이자, 궁극의 것이다.

793

가식 없이 일생을 살 수 있다면

그 또한 하나의 승리가 아니겠는가.

거짓 없이 일생을 살 수 있다면

그 또한 하나의 성공이 아니겠는가.

794

삶은 태어나서 죽을 때까지 '시작'밖에 없다.

삶은 언제나 새로운 시작으로 이어지는 시작의 도미노다.

삶이란 항상 어떻게든 무언가를 매 순간 시작하는 것이다.

795

삶의 빛은 언제 어디서나 있다.

그것을 잘 발견하는 것이 생의 지혜요,

그것을 잘 가꿔가는 것이 생의 기쁨이다.

796

삶은 하나의 거대한 기도다.

기도가 되지 못한 삶은 불이 꺼져 있는 촛불과 같다.

797

치열하게 살면 그것은 무엇보다 자기 자신에게 뿌듯함을 준다.

치열하게 산 순간들은 생의 시간을 충만하게 하고 아름답게 한다.

798

삶의 모든 발걸음에 우주의 중심이 있다.

그러니 한 걸음도 가벼이 디디지 말라.

우주는 언제나 그대 발걸음을 따라 움직이므로!

799

씨앗 속에 열매가 있고, 열매 속에 씨앗이 있듯이

원인이 결과를 만들면 그 결과는 또 다른 원인이 된다.

좋은 결과를 만드는 것은 좋은 원인을 만들어 내는 일과 같다.

800

삶을 사랑하는 것 외에는 다른 삶의 길이 없다.

어떤 고통과 슬픔이 있을지라도

그 길을 통하지 않고는 삶을 온전히 살아갈 수 없다.

삶이란 그러한 것을 끌어안는 법을 배우는 지난한 과정이다.

801

삶은 욕망의 바다에 떠 있는 배와 같다.

온갖 풍파를 건너가려면 자각이라는 돛을 펴고

매 순간 순리와 섭리라는 물길을 잘 따라가야 한다.

802

고통에 깃든 의미를 이해할 때가

곧 삶이 조금 더 쉬워지는 순간이자,

우리 영혼이 조금 더 발돋움하는 순간이다.

803

가장 심각한 오독은 삶의 문맥을 제대로 읽지 못하는 것이요,

가장 심각한 난독증은 자기 내면을 제대로 읽지 못하는 것이다.

804

삶은 늘 걸어온 길과 걸어갈 길 사이에 있다.

아울러 그 길은 언제나

변화의 원심력과 지속의 구심력 사이에 있다.

805

삶에 깊이와 품격과 멋을 갖고 싶다면

변하지 않는 '고유함'과

변하는 '새로움'을 겸비해야 한다.

그 경계와 균형 속에 생명력과 아름다움이 있다.

806

지금 이 순간은 언제나 완전하다.

나를 찾아온 '지금 이 순간'은 언제나

유일무이한 '순간'으로서의 제 역할을 다한다.

807

삶의 가장 중요한 가치가 '돈'에 있는 사람은

삶이 무엇을 위해 존재하는 것인지 끝내 이해하지 못한다.

돈에 마음을 다 빼앗긴 사람은 돈밖에 모르는 사람이 될 수밖에 없다.

808

돈 안에서 작아지는 사람이 있고,

돈 안에서 커지는 사람이 있다.

돈은 사람의 그릇을 가장 잘 보여주는 바로미터다.

809

실패보다 더 부끄러운 성공이 있고,

성공보다 더 가치 있는 실패가 있다.

싸움보다 더 가치 없는 평화가 있고,

평화보다 더 의미 있는 싸움이 있다.

810

삶은 온갖 경험으로 이어진 깊은 골짜기와 같고,

사람의 모든 마음은

그 속에서 울리는 희로애락의 메아리와 같다.

811

인생이란 원인과 결과로 순환하는 인과의 모래시계다.

그 속에 모든 흥망성쇠와 희로애락이 있고,

누구도 피해 갈 수 없는 엄정한 과보와 깊은 섭리가 있다.

812

삶은 언제나 모든 면에서 나의 선택들을 되돌려 준다.

삶이란 한순간도 속이거나 기만할 수가 없는 것이다.

삶이 매 순간 나의 진실을 비춰주는 거울이 아닌 경우는 없다.

813

삶에 대한 이해가 깊을수록 마음 또한 선명해진다.

마음이 선명해질수록 살아가야 할 삶의 길도 더 명료해진다.

인생항로의 첫 번째 지혜는 가야 할 길을 정확히 아는 데 있다.

814

내 인생이란 시작에서부터 끝에 이르기까지

아무도 대신해 줄 수 없는 시간으로 채워져 있다.

인생은 아무도 대신해 줄 없는 나의 책임으로 가득한 것이다.

815

탄생과 죽음 사이,

만남과 이별 사이,

얻음과 잃음 사이,

불만과 만족 사이,

사랑과 증오 사이,

나와 나 아닌 것 사이……

그 모든 사이로 인생이 흘러간다.

인생은 이원성 사이를 흐르는 거대한 강물이다.

816

바다에는 밀물과 썰물이라는 리듬이 있고,

호흡에는 들숨과 날숨이라는 리듬이 있듯

인생에는 작용과 반작용이라는 리듬이 있다.

817

삶의 그 어느 것 하나

커다란 퍼즐 속의 작은 조각이 아닌 게 없다.

삶이란 영혼의 완성을 위한 광활하고 심오한 시간의 퍼즐이다.

818

돈으로 살 수 없는 것을 가지지 못한 사람은

돈이 아무리 많아도 예외 없이 속인을 면할 길이 없다.

819

자기밖에 모르는 사람은

가진 것이 많아도 '작은 사람'에 지나지 않는다.

가진 것이 아무리 많아도

그가 쓸 수 있는 것은 자신을 위한 것밖에 없으므로.

820

아무리 머리가 좋아도, 아무리 지위가 높아도

크고 선량한 마음이 없으면 잘나가는 밥자루에 지나지 않는다.

821

욕망은 희로애락(喜怒哀樂)을 이끌고 가는 수레다.

만인의 인생은 그 수레에서 조금도 벗어나는 법이 없다.

고로 그 수레를 잘 모는 것이 나머지 모든 것을 결정한다.

822

그 누구의 인생도 완제품은 없다.

생은 죽을 때야 비로소 완성되는 조립품이다.

생은 신이 우리에게 그 조립을 맡긴 얼마간의 시간이다.

823

강물이 바다를 향해 쉼 없이 흘러가듯

지향점이 명확한 사람은 자신이 가야 할 길에만 집중한다.

집중해야 할 것에 오롯이 집중할 때, 삶의 군더더기는 최소화된다.

824

돈만큼 도(道)에 가까운 게 없으니,

돈을 어떻게 버는지, 어떻게 쓰는지를 보면

그 사람이 지닌 '살아가는 도'의 실체가 거의 다 보인다.

825

자기 삶을 상품이 되게 하는 이가 있고,

자기 삶을 작품이 되게 하는 이가 있다.

상품은 돈을 좇고, 작품은 돈 이상을 좇는다.

826

가난한 사람은 대개 '생존' 자체가 삶의 목적이 된다.

다른 것을 돌아볼 수 없을 만큼 마음과 시야가 좁아지기 때문이다.

가난이 무슨 죄이겠는가마는 가난보다 더 비좁은 세상은 없다.

827

이 세상에서 가장 현명한 사람은

모든 것을 즐길 줄 아는 사람이요,

삶 자체를 온전히 즐길 줄 아는 사람이다.

828

이왕이면,

내가 선택할 수 있는 가장 좋은 태도와

내가 선택할 수 있는 가장 좋은 관점을 가져야 한다.

인생의 승패에서 태도와 관점보다 더 중요한 것은 없다.

829

더 깊이 보고, 더 깊이 듣고, 더 깊이 느끼는 것은
더 깊은 사람이 되는 첩경이다.
오직 더 깊이 깨어있는 사람만이
세상에 깊이와 품격을 가져다준다.

830

행복과 기회는 기다리는 것이 아니다.
지금 내 발 밑에서 스스로 만들어가는 것이다.
사과가 사과나무 밑으로 떨어지듯이
행복과 기회는 스스로 만드는 사람 곁으로 떨어진다.

831

행동할 준비가 되어 있는 이에겐 행동할 기회가 더 많이 찾아오고,
성공할 준비가 되어 있는 이에겐 성공할 기회가 더 많이 찾아온다.
사랑할 준비가 되어 있는 이에겐 사랑할 일들이 더 많이 찾아오고,
행복할 준비가 되어 있는 이에겐 행복할 일들이 더 많이 찾아온다.

832

세상은 변하지 않는 것과 변하는 것이 늘 공존한다.
삶이란 변하지 않는 것으로 변하는 것에 잘 적응하는 일이다.

833

지혜와 성숙은 오직

자신과 사람과 인생과 세상을 이해하는 깊이에서 나온다.

834

힘을 빼야 자연스러워진다.

마음을 놓아야 초연해진다.

무위의 자연스러움과 초연함을 얻지 못하면

삶에서 가장 중요한 것 하나를 얻지 못한 것이다.

835

지식이 밑불이라면

지혜는 그 위에서 불타는 윗불이다.

윗불은 밑불의 힘을 밟고 올라선 것이다.

836

귀인(歸因)을

자기에게서 찾아야 할 때도 있고,

외부나 타인에게서 찾아야 할 때도 있다.

문제해결을 위해선 이 두 가지를 잘 구분해야 한다.

원인을 엉뚱한 곳에서 찾으면 답을 찾을 수 없기 때문이다.

837

조언과 언어폭력을 구분하지 못하는 사람이 있다.

충분한 이해와 공감 없이 하는 조언은 대부분

초점도 잘 맞지 않을 뿐 아니라 그 가슴까지 들어가지 못한다.

특히 우월감 속에서 무분별하게 쏟아내는 조언은 대부분 언어폭력일

때가 많다.

838

마음에 가장 가까운 단어는 선호와 배제다.

사랑에 가장 가까운 단어는 관심과 배려다.

인생에 가장 가까운 단어는 선택과 책임이다.

839

새로운 미래로 가려면 새로운 나를 만나야 한다.

새로운 나를 만나려면 새로운 행동을 해야 한다.

그러므로 새로운 행동 하나하나는 곧 나의 작은 미래다.

840

어디서 왔느냐는

어디로 가느냐에 심대한 영향을 끼친다.

과거 없이 새롭게 태어나는 사람은 아무도 없다.

841

더 멀리까지 내다볼 수 있는 사람은

현재도 더 정확하게 본다.

842

경외감이 없는 사람은 좋은 인간이 될 수 없다.

경외감은 밖으로는 인간의 존엄을 찾게 해주고,

안으로는 심리적 균형을 갖게 만들어 준다.

843

사람의 지적과 비판은 어디에나 따라다닌다.

사람의 지적이나 비판을 적게 받는 최고의 방법은

최상의 결과를 만들거나 최고의 실력을 갖추는 것밖에 없다.

844

자기편이 아무리 많아도

진실과 정의의 편에 서지 못하면 그 자체가 패배다.

845

정의는 어느 쪽으로도 치우치지 않는다.

오직 '정직과 진실과 사랑'만이 정의의 편에 같이 선다.

이쪽으로 들어오지 못한 나머지 것은 거의 다 가짜다.

846

타인과 세상에 이로움을 준 것만이 승리다.

그 외의 것은 가짜이거나 승리 비슷한 것에 지나지 않는다.

847

삶이란 상호작용의 파도로 이루어진 바다와 같다.

모든 파도는 서로 이어져 있으니,

삶의 바다엔 단 한 순간도 이 파도가 멈춘 적이 없다.

848

다른 사람이 기뻐하는 성공이 아니면 진정한 성공이 아니다.

다른 사람이 박수 치는 성공이 아니면 진정한 성공이 아니다.

다른 사람을 이롭게 하는 성공이 아니면 진정한 성공이 아니다.

849

천지만물은 빛과 어둠으로 빚은 조화옹의 끝없는 시다.

우리가 자연을 만나는 일은 그 시들을 찬찬히 읽는 일이다.

자연을 읽지 않는 사람은 온전한 사람이나 좋은 사람이 되기 어렵다.

850

'좋은 가치'를 지니고 있지 않은 사람이 기개가 있는 법은 없다.

기개는 스스로의 떳떳함과 굽히지 않는 용기에서 나온다.

851

세상 모든 새로운 길은 이상 때문에 생겨나는 것이다.

더 많은 이상, 더 좋은 이상을 가져야 한다.

그것을 가질 수 있고, 키울 수 있는 능력이 영웅의 본질이다.

852

세월에 묻히는 글이 있고 묻히지 않는 글이 있다.

기억에 묻히는 이름이 있고 묻히지 않는 이름이 있다.

죽음에 묻히는 사람이 있고 묻히지 않는 사람이 있다.

853

죽는 날까지 진정한 자신을 잃지 않는 것,

부끄럽지 않게 하늘을 우러러볼 수 있는 것,

나의 발자취가 누군가에게 이정표가 되게 하는 것,

그것이 생의 정수다.

854

타인에게 위대한 영감을 남긴 사람은

죽어도 죽는 것이 아니다.

그는 다른 이의 가슴속에서

새로운 영감으로 부활한 것이기 때문이다.

제 7 장

세상/사회
World/Society

세상/사회
World/Society

855

동서고금의 역사를 통틀어

세상을 움직이는 가장 강력한 힘은

뭇사람들의 마음이 모아진 '집단의식'에 있다.

만인에게 공유되는 생각은 역사를 밀고 가는 가장 강력한 힘이다.

856

이기주의와 배타주의의 극복이야말로 인류의 진정한 진보다.

의식의 진보야말로

모든 아름답고 조화로운 변화를 이끌어내는 가장 의미심장한 진보다.

857

너와 나 사이, 인간과 동물 사이,

사람과 자연 사이, 직업과 인생 사이,

국가와 국가 사이, 인류와 지구 사이

우리는 이 사이에서 '더 나은 이해'를 발견해야 한다.

'더 나은 이해'만이 '더 나은 관점'으로 삶의 길을 안내하기 때문이다.

858

상생을 도모하지 않는 경제학은

사리사욕을 채우는 이론과 기술에 지나지 않는다.

고로 그것은 허울 좋은 '잇속에 밝은 지식'일 뿐이다.

859

언론의 거짓은 세상에 뿌려진 정신적 독소와 같다.

사회를 마비시키는 가장 무서운 독은 언론의 기만과 거짓말이다.

860

악정은 수천, 수만, 수억의 불행과 불균형을 낳는다.

악정은 역사에 새겨지는 악의 대하(大河)다.

861

동서고금을 불문하고

이기심과 분리의식은 악마의 놀이터였다.

그 놀이터엔 살육과 약탈과 야만이 넘쳐난다.

862

구심력이 없으면 사회는 하나로 뭉칠 수 없다.

다양한 마음을 하나로 포개지게 하는 것은

누구나 인정할 수밖에 없는 '아름다운 이상과 정의'를 세우는 데 있다.

863

정치인 중에는 거짓말을 전혀 하지 않을 만큼 떳떳한 이가 드물다.

때문에 정치가 국민 앞에 온전히 정직하고 진실할 때는 더욱 드물다.

864

정치인은 무엇보다 삶의 무게로 답해야 한다.

그 무게의 진정성만이

만인의 문제에 제대로 답할 수 있기 때문이다.

865

'검열과 왜곡과 세뇌'

독재 정권은 예외 없이 이 세 가지를 기본 기술로 사용한다.

고로 민주주의는 이에서 얼마나 벗어나 있느냐로 가늠할 수 있다.

정치에 '검열과 왜곡과 세뇌'가 없을 때에만

모든 권력이 진실과 함께 국민들에게 돌아갈 것이기 때문이다.

866

정치는 그 나라를 움직이는 브레인과 같다.

정치가 발전하지 않으면 결코 그 나라가 발전할 수 없다.

국민들이 정치에 무지해서도, 정치를 부정해서도 안 되는 이유이다.

867

학생들이 학교에 적응하지 못하는 것보다
학교가 학생들에게 적응하지 못하는 것이 훨씬 더 큰 문제다.
그것은 총체적이고 구조적인 시스템의 문제이기 때문이다.

868

진리와 평화를 먼 곳에서 찾을 필요가 없다.
어디서든 친절과 배려를 실천한다면 그것은 절로 따라올 것이다.
친절과 배려는 세상을 아름답게 만드는 최상의 도구다.

869

세상이 새로워지는 순간은 오직 내가 새로워질 때뿐이다.
새로운 세상은 새로운 나만이 찾을 수 있는 것이기 때문이다.

870

'다함께 잘사는 사회'는 비현실적 이상에 불과하지만,
모든 정치는 언제나 이러한 이상을 지향해야만 한다.
이런 이상이 없다면 현실은 조금도 개선되지 않을 것이기 때문이다.

871

진정한 리더가 되려면
세상에 '다른 미래'로 가는 길이 있음을 보여주어야 한다.

872

희망이 되지 못하는 이는 리더가 아니다.

준칙이 되지 못하는 이는 리더가 아니다.

역사가 되지 못하는 이는 리더가 아니다.

873

리더는 사람들에게 좋은 비전으로

희망의 용량을 키워줄 수 있는 사람이어야 한다.

세상을 변화시키는 것은 비전과 희망을 가진 사람들이기 때문이다.

874

리더는 책임이라는 짐을 가장 많이 짊어진 사람이다.

그 짐을 감당할 마음이 없는 이는 리더가 되어선 안 된다.

책임감의 앞줄에서 매사 솔선수범하는 것이 리더의 기본 자질이다.

875

리더는 결과에 책임을 지는 사람이다.

무책임하거나 책임을 전가·회피하는 이는

자신이 결코 리더가 아님을 스스로 증명하는 것이나 다름없다.

876

사회에 대한 책임감을 가장 많이 가지는 사람이

그 사회의 리더요, 어른이다.

세상에 대한 책임감을 가장 많이 가지는 사람이

이 세상의 리더요, 어른이다.

877

정치 리더는 반드시

전 인류를 위한 최고선이 무엇인지를 생각해야 한다.

그러한 이상만이 인류에 진정한 평화와

조화를 불러올 수 있기 때문이다.

878

진실을 말하는 자에게는 두 가지 용기가 필요하다.

힘 있는 자에게 제일 먼저 짓밟히는 것을 감내할 용기와

그것으로 많은 것을 잃게 되어도 변하지 않을 수 있는 용기!

879

정치란 이상적 사회를 위한 것이며,

그 사회 속에서 구현할 수 있는 최고치의 삶을 위한 것이므로

결코 아무나 할 수 없는 '철인의 지혜가 요구되는 직분'일 수밖에 없다.

880

정치판엔

가장 유능하고, 가장 성실하고, 가장 정직한 이들이 있어야 한다.

정치는 만인의 번영을 위하는 공직(公職)이자, 성직(聖職)이기 때문이다.

881

대의(大義)를 좇지 않고 자기 이익을 좇는 정치인은

정치와 국민을 욕되게 하는 이들이다.

정치는 나의 이익을 버려서라도 공익을 추구하는 것이기 때문이다.

882

우리의 삶은 언제나 정치 속에 있듯

정치는 언제나 우리의 삶 속에 있다.

이것이 우리가 삶으로 드러난 정치를 반드시 읽어야만 하는 이유다.

883

정치적 문제에 관심이 없는 이는

사회적 문제에 무관심한 사람이므로,

사회적 책임에도 무관심한 사람일 수밖에 없다.

884

역사를 알지 못하면 정치를 알 수 없고,

정치를 알지 못하면 사회를 알 수 없고,

사회를 알지 못하면 나와 세계와의 맥락을 알 수 없다.

885

습관에는 좋은 습관과 나쁜 습관이 있듯이

사회의 관습에도 좋은 관습과 나쁜 관습이 있다.

나쁜 관습이란 한 사회가 지녀온 나쁜 습관이자, 정신적 고착이다.

886

수직사회는

무시와 차별의 도미노요,

갑질과 배타의 엘리베이터다.

887

자본주의는 경제적 소외와 정신적 소외를 함께 양산하는 거대한 공장
이다.

그곳엔 탐욕과 비교와 차별의 마음을 양산하는

컨베이어벨트가 쉼 없이 돌아간다.

888

사람 위에 사람 없고 사람 아래 사람 없다.

하지만 자본주의는 이를 정반대로 만든다.

돈 위에 사람이 있고, 돈 아래에 사람이 있으면

어느 쪽이든 사람은 언제나 돈보다 못한 존재가 된다.

889

타인의 행복과 세상의 번영에 기여하지 못했다면

그 어떤 성공도 성공이라고 할 수 없다.

자신의 사리사욕을 채우는 것을 '성공'이라고 하는 것은

이기와 탐욕의 인생을 찬양하는 것과 다를 바 없다.

890

인류의 근본적 불행은 언제나

특정 소수가 너무 많이 가진 데서 비롯된 것이다.

그것은 심각한 불균형이며, 심각한 소외이자 차별이다.

특정 소수가 너무 많이 가지는 것은 세상을 기울게 하는 출발점이다.

891

전쟁이란 인류의 영혼에 새겨진 역사의 화인(火印)이다.

인류에 악마가 있다면

그 화인에 불을 붙인 자들이라 해야 할 것이다.

892

아무리 큰 전쟁도 결국은 밥그릇 싸움이다.

밥그릇을 더 차지하기 위해, 그보다 훨씬 더 많은 손실을 감내하며

더 많이 죽이는 싸움을 인류는 끊임없이 해왔던 것이다.

그런 점에선 인류는 자기 밥그릇 이상으로

조금도 성장하지 못한 셈이다.

893

세상에서 사람을 가장 많이 죽인 자들은

예외 없이 정치 지도자들이었다.

허나 그들은 종종 역사의 페이지에서 영웅시된다.

비슷한 역사가 계속 반복되는 것은 이 때문이다.

894

세상에서 가장 위험한 것은 사악한 이의 권력욕이요,

그러한 탐욕이 얻어낸 이기적이고 독선적인 권력이다.

그런 권력은 예외 없이 가장 거대하고 추악한 죄악이 된다.

895

세상에 전쟁보다 더 끔찍한 일은 없다. 고로

전쟁을 일으키는 것보다 더 어리석은 일은 없다.

전쟁을 일으킨 이를 찬양하는 것보다 더 위험한 일은 없다.

896

양보 없는 평화가 없듯 용서 없는 평화는 없다.

용서 없는 평화가 없듯 참회 없는 평화는 없다.

897

용기는 분노해야 할 때 분노할 줄 아는 것이며,

저항해야 할 때 저항할 줄 아는 것이다.

반면 만용이나 객기는 언제나 이와 반대로 움직인다.

898

반골이란 굽히지 않는 기개와 건강한 비판의식을 가진 사람이다.

혹세무민의 어느 시대든 그런 이들이 사회에 존재하는 것은

투명한 소금이 바닷물을 썩지 않게 하는 것과 같다.

반듯한 반골이 없는 사회는 반드시 부패하고 무너지기 마련이다.

899

원만한 사람은 잘못이나 불의를 보고도 진실을 말하지 못한다.

원만하다는 것은 적당히 눈과 귀를 닫고

적당히 자신을 굽혀 세상에 부합하며 살아가는 방식일 수 있다.

때론 원만한 것보다 원만하지 못한 것이 훨씬 더 가치 있을 때가 많다.

900

비판의식을 지닌 사람은 세상과 원만하게 지낼 수 없다.

용기와 정의감이 있는 이는 전부 이런 사람들 속에서만 나온다.

세상에 좋은 변화가 더딘 것은 곧은 사람이 적어서 그런 것이니,

우리는 곧아서 세상과 원만하지 않은 사람을 귀하게 여겨야 한다.

901

불의에 굴복하는 것은

패배보다 더 비겁하고 치욕스러운 것이다.

굴종은 싸울 용기조차 없어 자신을 저버린 것이기 때문이다.

902

상대적 빈곤이 커질수록 그 사회의 부조화와 불행은 더 심화된다.

상대적 빈곤이 심각한 사회는 경쟁과 차별만을 부추기는

문명이라는 이름의 야만일 뿐이다.

903

불평등이란 불균형이요, 불균형이란 부조화다.

불평등을 방조한다는 건 불균형을 지속시키는 것과 같다.

부조화를 묵과하는 정치는 소임을 망각한 정치의 공적일 뿐이다.

904

'인류는 하나다.

우리는 서로 도움으로써 함께 번영할 수 있다.'

이것은 국가 최고 지도자들이 제일 먼저 깨우쳐야 할 제1 명제다.

905

비교의식이 강한 사람은 온전한 사람이 될 수 없다.

비교는 우월감이나 열등감 쪽으로 마음을 기울게 하기 때문이다.

비교의식이 넘쳐나는 사회는 불행할 수밖에 없다.

비교는 어느 곳에서나 무시와 차별과 소외를 양산하기 때문이다.

906

법의 가치를 가장 훼손하는 이는 이권에 경도된 법조인이다.

지식과 힘을 가진 자가

양심과 진실의 편에 서지 않으면 예외 없이 죄악의 하수인이 된다.

907

돈에 굴복하지 않는 사람이 드물듯

돈에 굴복하지 않는 예술과 학문이 드물고,

돈에 굴복하지 않는 종교와 정치도 드물다.

908

인류의 가장 큰 문제는

여전히 돈 쓰는 법을 제대로 배우지 못한 데 있다.

전쟁에 들인 그 천문학적인 돈으로 만약 서로를 돕는 데 썼더라면

전쟁은 이미 한참 전에 끝나고 지구엔

더없는 번영과 평화가 깃들었을 것이다.

910

역사는 기억의 창고요, 시대의 거울이며, 의식의 나침반이다.

하지만 그것을 제대로 알고 사용할 수 있는 사회는 많지 않다.

911

민주주의란

절대 흔들리지 않는 사회적 가치에 만인이 동의하는 것이며,

어떠한 이유든 그것을 끝까지 함께 지키는 일이다.

912

참된 혁명은 투표로부터 시작된다.

투표는 시민 혁명의 가장 아름답고 유용한 도구다.

투표는 만인의 손으로 민주주의를 들어올리는 지렛대다.

913

투표는 쭉정이 정치인을 골라내는 뜰채다.

최선이 없으면 차선이라도 택해야 한다.

그것은 세상에 뿌릴 번영의 씨앗을 찾아내는 일이기 때문이다.

914

모든 민주주의는 대화의 민주주의로부터 나온다.

자기 생각을 강요하지 않으면서 대화하는 것이

이해와 존중과 소통을 여는 유일한 길이기 때문이다.

915

민주주의 파괴는 언제나

정치인이 국민을 무서워하지 않고,

국민이 정치인을 무서워할 때 발생하는 법이다.

916

모든 반민주주의에는 필히 권력의 술수와 세뇌가 담겨 있다.

민주주의란 그러한 모든 술수와 세뇌로부터 자유로워지는 것이다.

917

인류 최고의 악인들은 모두

권력욕이라는 도가니에서 나왔다.

지나친 권력욕은 지상을 덮는 가장 거대한 악의 화산이다.

918

교주는 자신을 높이려 하고 타인을 지배하려고 한다.

성자는 자신을 낮추려 하고 타인을 자유롭게 하려 한다.

919

경쟁밖에 없는 사회는

이기심과 우열(優劣)의식을 내면에 축적하게 한다.

그것은 수많은 상처와 비인간성을 양산하는 거대한 제품공장과 같다.

약육강식과 승자독식이 삶의 논리인 사회는

야만을 닮아갈 수밖에 없다.

920

역사의 진실을 제대로 알지 못하면

그것은 볼록거울이거나, 오목거울이거나, 깨진 거울에 불과하다.

921

역사는 인과 관계와 변화의 흐름을 깊이 통찰하기 위해

과거라는 거울로 현재를 비춰보는 것이 그 본질이다.

고로 그 거울이 깨끗하고 반듯한 거울이 되려면

사실과 진실을 함께 보는 천 개의 눈으로

깊고 넓게 들여다보아야 한다.

922

역사에 대한 잘못된 이해는

깨어진 시간의 거울로 과거와 현재와 미래를 비춰보는 것과 같다.

923

역사를 비판적 성찰 없이 읽는다면

그것은 과거사 드라마를 보는 것에 불과하다.

역사라는 거울은 치열한 자기성찰 없이는 결코 만들어지지 않는다.

924

겸손을 강요하는 사회는

창의성과 개성과 올바른 비판을 억압한다.

원만한 사람이 창의성과 개성과 올바른 비판을 가지는 경우는 없다.

925

아직도 어떤 우월감 속에서 인종차별을 하는 이는

자신이 지구별에 남은

유일한 미개인임을 알지 못한다.

926

등수와 등급으로 줄을 세우는 교육은
학생들의 자존감을 뭉개버리고 비교의식을 새겨 넣는 압력기와 같다.
이는 우월감과 열등감으로 서로를 끊임없이
저울질하게 하는 정서적 폭압이다.

927

아래쪽에 있는 사람은 아래쪽의 시선으로 세상을 보고,
위쪽에 있는 사람은 위쪽의 시선으로 세상을 본다.
그리하여 어느 쪽도 세상의 반쪽밖에 보지 못한 채 살아간다.

928

우월주의는 모든 대상을 상하의 위계관계로 만든다.
'종교적 우월주의' 또한 마찬가지다.
그것은 무지와 독선과 오만의 벗이며,
사랑의 적이자 의식의 거대한 장벽일 뿐이다.

929

수직적 세계관은 모든 폭력과 갈등의 기원이며,
수평적 세계관은 모든 평화와 화합의 기원이다.

930

세상은 언제나 감정의 장벽과 이념의 한계선으로 가득하다.

때문에 세상은 늘 반목과 경계와 차별과 무시와 갈등으로 가득하다.

허나 이 모든 것은 하나의 정신적 기원, '분리의식'에서 비롯된 것이다.

931

평화의 길은 세상 모든 사람을 만나게 한다.

그것은 우리 가슴을 서로 이어주는 길이며,

나이테처럼 모든 것을 껴안으며 계속 확장되는 길이기 때문이다.

932

들꽃에는 햇살의 민주주의가 있고,

호수에는 물살의 민주주의가 있다.

그들의 민주주의는 늘 치우침이 없고 또한 매우 진실하다.

933

인간의 시간적 좌표는 역사요,

인간의 공간적 좌표는 사회다.

이것이 누구든 자신의 공적 좌표를 알기 위해선

역사와 사회를 반드시 알아야 하는 이유다.

934

때때로 전통, 관습, 권위, 종교, 이데올로기가

세상이 좀 더 나아지는 것을 한참 더디게 한다.

집단적 통념과 신념은 대부분 고착된 과거의 유산이기 때문이다.

935

사회는 온갖 통념과 편견의 전시장이다.

사회적 통념과 편견을 깰 줄 모르는 사람은

자신만의 사유와 통찰과 가치가 거의 없는 사람이나 다름없다.

936

세계관의 변화는 세상의 변화를 만들어내는 시작점이지만,

반대로 세상의 변화가 사람들의 세계관을 바꿔놓기도 한다.

세상과 세계관은 늘 끝없는 작용과 반작용 사이에서 움직인다.

937

세상이 만들어놓은 틀을 깨는 것은 일종의 금기다.

하지만 선구자는 언제는 그러한 틀을 깨는 사람들 속에서 나온다.

세상이 내게 강요하는 것을 거부할 줄 알아야 주체적 인간이 된다.

우리 모두에겐 기꺼이 나 자신으로 존재할 자유와 천부적 소명이 있다.

938

사대주의는 아류 천하가 되는 지름길이자,

문화의 주체가 되지 못하게 하는 소아병이며,

진정한 개성과 창의를 잃게 만드는 거대한 참호와 같다.

939

더 많이 갖는 것이 지상 과제인 사회에선

더 많이 나눈 사람이 아니라,

더 많이 가진 사람이 영웅이 된다.

이런 사회에선 이기심과 우월감에 중독되지 않을 사람이 드물다.

940

사회 불균형은

특정 소수가 너무 많이 가지는 데서 비롯된다.

무턱대고 부자들을 영웅시하는 것은

탐욕과 이기주의와 부의 불평등을 찬양하는 것과 같다.

941

사람들의 집단의식을 바꾸는 것보다 더 대단한 혁명은 없다.

그것은 세상을 바꿀

보다 근원적인 것이요, 가장 지속적인 것이기 때문이다.

제 8 장

영성/깨달음
Spirituality/Enlightenment

제8장 영성/깨달음
Spirituality/Enlightenment

942

내가 알고 있는 것이

내가 모르는 것에 마음을 여는 데 방해가 될 수 있는 것처럼,

내가 맞다고 믿는 것이

내 신념 너머에 있는 것을 보는데 가장 큰 방해가 될 수도 있다.

943

자신만의 관점을 가지는 것도 중요하지만,

자신의 모든 관점을 넘어서는 것도 중요하다.

전자는 창의적인 사람을 만들지만, 후자는 초월적인 사람을 만든다.

944

지식은 더할수록 더 축적되지만,

마음은 비울수록 더 확장된다.

마음공부는 이기심과 분리의식을 계속 줄여가는 것이다.

945

자아에 가장 가까운 단어는 집착이다.

집착에 가장 가까운 단어는 구속이다.

946

내 의식의 틀이 깨어진 만큼

내가 누릴 자유의 영토는 더 커진다.

정신세계란 내가 깨어난 만큼만 거할 수 있는 의식의 영토다.

947

마음의 눈을 뜬다는 것은

자각과 관조의 눈을 뜨는 것이다.

그런 눈을 가지게 되면

전에는 보이지 않던 것이 보이게 되고,

내 안의 세계와 나 너머의 세계를 함께 보게 된다.

948

무심만이 초연하고 자유로운 마음이 무엇인지 안다.

오직 무심만이 모든 것에 열려 있으면서

그 어떤 것에도 고착되지 않기 때문이다.

949

대부분의 사람들은 거의 자기 마음만으로 인생을 산다.

자기 마음 너머에 있는 '무한의 마음'을 찾지 않는다.

이것이 에고 수준에서만 일생을 살면서

그게 전부라고 여기게 되는 이유이다.

950

'허용'과 '수용'이라는 단어 속엔 팔만대장경이 다 들어 있다.
그 속엔 초월적 평화와 무한한 사랑과
끝없는 진리가 다 함께 들어 있다.

951

고요하게 깨어있기, 초연하게 깨어있기!
이것은 마음 너머로 가는 길이며
삶을 놓치지도, 붙잡지도 않으면
이 두 가지를 아우르는 최선의 길이다.

952

자기 안의 하늘을 발견하는 것보다 더 중요한 일은 없다.
그것은 기쁨과 자유의 화수분을 찾는 일이자,
그 무엇으로도 깨어지지 않을 평정심의 성지를 얻는 일이다.

953

사랑이 시작되는 곳은 우리의 가슴이다.
신 또한 사랑에서 시작되는 것이므로
신은 오직 우리의 가슴 안에서만 발견할 수 있다.
이것이 진리의 기본형이며, 진정한 신학의 첫걸음이다.

954

인간으로 태어나

다시 하늘의 눈을 뜨는 것,

그것이 영혼의 부활이다.

955

조건 없는 사랑은 대척점을 가지지 않는다.

그것은 모든 대척점을 융회하고 품어 안는다.

조건 없는 사랑이 모든 것의 궁극인 것은 이 때문이다.

956

자연의 모든 것은 살아 움직이는 상형문자다.

그 문자 속에 깃든 신비와 의미를 읽은 것은

신이 생명의 숨결로 쓴 서사시를 읽는 것과 같다.

957

성자란 녹아서 작아지는 비누처럼 살아가는 사람이다.

그는 세상의 때를 씻어주는 데 자신의 모든 것을 사용한다.

958

전면적인 허용이란

완전한 내맡김의 광활한 자유 속으로 들어가는 미끄럼틀이다.

959

절대 수용과 절대 긍정은

무집착/무저항의 유일한 입구요,

대자유로 가는 광활한 활주로다.

960

'내 생각이 옳다. 고로 이 생각을 놓을 수 없다.'

이것이 모든 에고의 기원이요, 모든 생각의 본질이다.

옳고 그름의 이분법은 에고가 늘 들고 다니는 의식의 저울이다.

961

생각은 구름이요, 내 마음은 텅 빈 하늘이다.

깨어난 자는 모든 구름에서 빠져나와

텅 빈 하늘의 마음으로 생각구름을 바라본다.

962

모든 생각을 내려놓아야만 진리를 만날 수 있다.

내가 생각하는 진리는 생각으로 만들어져 있지만,

진짜 진리는 내 생각 너머에 있는 것이기 때문이다.

963

내가 눈을 뜰 때, 진리도 눈을 뜬다.

진리란 오직 내가 눈뜨는 만큼만 보이는 법이다.

나와 진리는 빛과 그림자처럼 언제 어디서나 함께 움직인다.

964

진리는 더 안에 있지도, 더 바깥에 있지도 않다.

진리는 더 위에 있지도, 더 아래에 있지도 않다.

진리는 모든 것에 편재하기에 순간에서 영원까지,

나에게서 천지만물에 이르기까지 조금의 편차도, 다름도 없다.

965

신은 오직 우리의 마음속에 있다.

마음속에 있는 신을 깨우지 못하면 끝내 신을 만날 수가 없다.

내 마음은 신의 문이요, 신으로 가는 유일한 길이다.

966

신과 진리의 다른 이름은 '지금 이 순간'이다.

때문에 지금 이 순간을 열렬히 사랑하는 것은

신과 진리를 만나는 가장 좋은 한 방법이 된다.

967

무한은 공(空)으로 이루어져 있다.

비어있기에 그것은 모든 것을 품어 안을 수 있다.

무한은 끝없이 열려 있는 우주의 마음이다.

968

나는 나 아닌 것으로 이루어져 있고,

나 아닌 것 속에도 있다.

나 아닌 것 속에서 나를 발견하는 것이

영적 성장의 길이다.

969

세상 그 어느 곳에서든

순간과 순간마다 최초의 영원이 깜박거린다.

순간은 영원의 속눈썹이다.

970

순간은 언제나 다시없을 우리들의 최초의 미래다.

우리의 삶은 매 순간 새로운 영원으로 깨어나는 신생의 강물이다.

971

삶의 매 순간을 수용하고 사랑하면
삶의 매 순간이 명상이 된다.
허나 이보다 더 먼저 알아야 할 사실은
삶의 매 순간을 수용하고 사랑하는 것이
명상의 진짜 목적이라는 점이다.

972

명상이란 내 존재의 가장 깊은 곳을 거니는 시간이다.
내 안의 가장 깊은 고요 속에 있는 온전한 신성을 만나
내 안에 깃든 우주적 무한에 내 모든 것을 내려놓는 시간이다.

973

모든 것을 수용과 사랑의 관점으로 보는 것,
그것은 진리를 보는 눈이자
맑고 고요한 신의 눈과 맞닿는 유일한 길이다.

974

사람은 오직 자신의 의식 수준만큼만 신을 이해한다.
사람은 오직 자신의 의식 수준만큼만 삶과 진리를 이해한다.

975

의식수준이 높아지면 삶의 조망권이 달라진다.

예전엔 볼 수 없었던 것을 볼 수 있는 시야와

더 큰 맥락을 볼 수 있는 관조의 거리를 얻게 된다.

976

우리 앞에는 오직 진리와 섭리만이 있다.

물속의 물고기처럼 우리가 잘 보지 못할 뿐,

그것은 어떤 경우에도 우리와 잠시도 분리되는 법이 없다.

977

자기 안의 신성에 귀의하는 것,

그것이 진정한 종교요, 진정한 구원이다.

978

삶의 모든 여정이 도(道)다.

삶의 모든 순간이 목적지다.

깨어있다면 발걸음 닿는 모든 곳이 성지순례가 된다.

979

성찰은 자신을 되돌아보면 누구나 가질 수 있는 내면의 거울이지만,

텅 빈 마음은 자신을 내려놓는 자만이 가질 수 있는 내면의 거울이다.

성찰이라는 거울은 자아의 관점에서 나를 비춰보지만,

텅 빈 마음이라는 거울은 우주적 관점에서 나를 비춰보게 한다.

980

깨달음은 있는 그대로의 완전함에 대한 자각과 수용이다.

그것은 완전함을 추구하는 것이 아니라

모든 추구를 내려놓고 있는 그대로의 완전함을

이해하고 받아들이는 것이다.

981

깨달음이란 참나의 관점에서 나를 바라보는 것이다.

그것은 내 안과 밖의 '있는 그대로의 완전함'을 보는 것이며,

있는 그대로의 변하지 않는 나의 절대적 가치와 존귀함을 보는 것이다.

982

영적 각성을 체험할 때, 사람들이 공통적으로 느끼는 바가 있다.

'아, 모든 것은 있는 그대로 온전하고, 완전하고, 완벽하구나!'

이것은 추구의 차원이 아니라 아무것도 추구할 필요가 없는 차원이다.

에고의 모든 추구를 다 내려놓을 때만

얻어질 수 있는 무위의 차원이다.

983

나는 매 순간 완전한 마음을 만난다.

나는 매 순간 완전한 나를 만난다.

나는 매 순간 완전한 현실을 만난다.

나는 매 순간 완전한 삶을 만난다.

나는 매 순간 완전한 신을 만난다.

984

깨달음은 자기 안에서 신을 만나게 한다.

때문에 깨달음은 늘 만인 속에 있는 종교이며,

모든 세기를 초월해 가장 진실한 종교요,

전 인류를 하나 되게 할 유일무이한 종교이다.

985

진실과 진리만이 우리를 깨울 유일한 종교다.

신은 언제나 진실과 진리 속에만 머물 것이며,

구원과 자유는 오직 진실과 진리 속에만 찾아질 것이기 때문이다.

986

고요한 마음,

그것은 천지를 비추는 거울이요,

신과 우주와 무한을 비추는 거울이다.

987

언제 어디서나 완전함을 보는 것이 신의 눈이다.

이 우주 안에는 신이 만든 완전함밖에 없기 때문이다.

그 눈은 우리 마음의 완전함이 깨어날 때 함께 깨어난다.

988

그릇에 담긴 물은 늘 수평을 유지한다.

진리에 머문 사람의 마음이 늘 그러하듯이!

989

마음이 비어있다는 것은

마음이 없다는 것을 말하는 게 아니다.

그것은 마음의 혼란이 그친 상태를 말하는 것이다.

마음이 어떠한 것에도 흔들리지 않고 평온할 때 마음이 비워진 것이다.

990

무집착과 무저항의 상태는

마음이 있다고도 할 수 있고,

마음이 없다고도 할 수 있다

이런 초연함의 상태가 내맡김의 본령이다.

991

깨달음이란 자신의 마음을 우주에 방생하는 것이다.

마음이 무한히 자유롭도록 모든 얽매임으로부터 풀어주는 것이다.

992

구원이란 끌어안을 수 없는 것을 끌어안는 데 있다.

사람은 오직 자기수용 속에서만 평안을 찾을 수 있다.

내면의 천국이란 오직 그러한 가슴 속에만 열리는 것이다.

993

혁명 중에 가장 중요한 혁명은 의식의 혁명이다.

세상의 진정한 변화를 이끄는 시발점은 영적 성장에 있다.

그런 점에서 우리는 누구나 자기 안에서

가장 위대하고 아름다운 혁명을 완수할 수 있다.

994

모든 순간이 진리이다.

모든 순간이 신성이다.

모든 순간이 영원이다.

995

모든 사람은 신의 퍼즐 한 조각이다.

우리는 각자 자신의 퍼즐 한 조각으로

신의 영원과 숨결을 완성한다.

996

내 안의 신성은 모두의 신성과 늘 연결되어 있다.

모든 이 속에 있는 '신성'에 대한 구심력이 없는 사상은

진리가 아니거나, 진리 바깥에서 서성이는 거대한 무지일 뿐이다.

997

우리 안에는 우주의 텅 빈 근원이 있다.

그 근원은 모든 존재와 연결되어 있으니,

내면의 심연과 삶의 끝없는 신비는 여기서 비롯된다.

998

영원이란

시간 너머의 것이자

마음 너머의 것이요,

자아 너머의 것이다.

999

영원은 언제나 내 주위 모든 곳에 있다.

나의 모든 시간 속에는 늘

영원이라는 물결이 쉼 없이 일렁인다.

1000

마음에서 마음을 다 빼면 무심이 되고,

나에게서 나를 다 빼면 무아가 되고,

차등에서 차등을 다 빼면 무등이 되고,

경계에서 경계를 다 빼면 무경계가 되고,

천지만상에서 천지만상을 다 빼면 무상이 되고,

시작과 끝에서 시작과 끝을 다 빼면 무한이나 영원이 된다.

빼기를 다 해보지 않으면 모든 것의 본바탕이 무엇인지 알 수 없다.

1001

내가 삶 속에서 찾아야 할 유일한 사원은

내 가슴속의 절대적 고요와 평화뿐이다.

1002

종교가 맹신의 자식이라면

깨달음은 진리의 자식이다.

둘이 서로 양립하기 어려운 것은 이 때문이다.

1003

구복은 모든 종교의 기원이다.

인간은 자신을 지켜줄 신을 스스로 만들어 내고 숭배한다.

인간이 신을 필요로 하는 유일한 이유도 이것이요,

신이 존재해야 할 절대적 이유도 곧 이것이기 때문이다.

1004

고통에서 구원받고자 하는 인간들의 간절한 바람이

신과 종교를 창조해 낸 것이다.

신은 자신을 위한 종교를 전혀 필요로 하지 않는다.

무소유인 신은 인간에게 조금도 집착하지 않지만,

인간은 끝없는 집착으로 신을 붙잡고 신의 노예가 된다.

1005

종교적 집착은 이성의 무덤이다.

어떠한 집착이든 그것은 초월이 아니라 구속을 낳는다.

1006

영성이란 종교적인 것이 아니라 초종교적인 것이다.

그것이 언제 어디서나 보편타당한 영성의 본질이다.

영성은 모든 경계를 넘어서는 것이며, 우주에 편만한 것이기 때문이다.

1007

영성 공부는 마음이 높아지는 것이 아니라 낮아지는 것이다.
낮아져야만 자신을 내어줄 수 있고, 모든 것을 껴안을 수 있다.

1008

친절과 겸손은 영성의 초석이자, 성장의 확실한 지표가 된다.
그것은 나를 내려놓을 줄 아는 마음에서만 나오는 것이므로!

1009

진리나 깨달음은 특정 종교에 국한되지 않는다.
때문에 특정 종교에 국한되는 것이 있다면
그것은 진리나 깨달음이 아닐 가능성이 아주 높다.

1010

세상 거의 모든 종교는 기복(祈福)에 기초해 있다.
기복은 신을 인간과 거래하는 거대한 속물로 만든다.
이것이 세상 거의 모든 종교가
진리에 부합하지 못하는 사이비가 되는 근본적인 이유이다.

1011

종교는 신과 세상을 보는 하나의 색안경에 불과하다.

진정한 영성이란 그 모든 색안경을 벗는 것으로부터 시작된다.

마음의 색안경을 벗지 않고는 있는 그대로의

진리나 실상을 끝내 볼 수 없다.

1012

신은 언제나 조건 없는 사랑 속에 있다.

고로 신은 어떠한 틀이나 종교에 구속되지 않는다.

오직 그러한 속성이나 존재만을 신이라고 할 수 있다.

1013

진정한 기도는

신이 우리에게 하는 기도 소리를 듣는 것이다.

진정한 기도는 신의 마음과 우리의 마음이 포개어지게 한다.

1014

도는 언제나 우리 발아래에 있고,

우리의 모든 숨결과 숨결 사이에 있다.

도가 존재하지 않는 곳은 그 어디에도 없다.

깨어남은 이를 매 순간 자각하고 받아들이는 데서 시작된다.

1015

성자는 열등감이나 우월감이 없는 존재이다.

높지도 낮지도 않은 마음 그것이 평정심이다.

1016

성자는 가장 높은 자이자 가장 낮은 자이니,

이 두 가지를 겸하지 않고서는 누구도 성자일 수가 없다.

1017

'완전한 만족'은 오직

조건 없는 수용과 감사 속에만 이루어진다.

'완전한 만족'은 조건에서 오는 것이 아니라,

모든 조건에서 자유로워질 때 얻어지는 것이기 때문이다.

1018

에고는 분리의 장막이다.

그 장막이 걷히기 전까진 그 누구도 삶을 제대로 이해할 수 없다.

자신이 본 것은 기껏해야 장막 안의 것밖에 없을 것이므로.

1019

영성이란 종교적 신화나 미신과 무관한 것이다.

영성이란 오직 깨어남과 사랑에 대한 것일 뿐이다.

하여 진정한 영성은 모든 종교적 허상과 도그마를 녹인다.

1020

나는 신의 일부요, 신은 나의 일부다.

나는 우주의 일부요, 우주는 나의 일부다.

이것이 둘이면서 하나인 나의 영적 실상이요,

모든 이분법 너머에 있는 초자아의 광활한 도식이다.

1021

의식은 내 영혼의 자궁이다.

의식이 거듭나지 않으면

내 영혼은 태어나지 않은 것이나 다름없다.

우리는 누구나 자기 안에 신성을 깨우기 위해 태어났기 때문이다.

1022

명상이란 자기 내면의 어둠 속에 묻혀있는

'신성'을 보기 위해 밝히는 고요한 횃불과 같다.

그 횃불이 환히 켜질 때는 세상에 오로지 '신성'만이 남게 된다.

1023

명상이란 내면의 절대적 고요함을 만나는 것이다.

그 절대적 고요함 속에

조금도 흔들림 없고, 조금도 변함없는 나의 하늘을 만나는 것이다.

1024

조건 없는 수용은 내 안의 무한을 깨어나게 하는 일이다.

조건 없는 사랑은 내 안의 신성을 깨어나게 하는 일이다.

1025

성인(聖人)을 섬기고 따르는 것보다 더 중요한 점은

자기 안의 신성을 찾는 것이다.

내 모든 것을 좌우하는 것은 내 안의 마음이요,

나를 깨어나게 하는 것은 오직 내 안의 신성이기 때문이다.

1026

의식의 불균형은 세상 모든 치우침의 기원이다.

마음의 불균형이 세상 모든 불행들의 기원이듯이.

1027

자기 안에 불멸의 영적 본성을 찾아내는 것,

이는 지상에 생을 부여받은 모든 이들의 첫 번째 천명이다.

1028

오직 깨달음만이 세계를 하나로 만들 수 있다.

깨달음만이 모든 진리의 오류와

모든 의식의 장벽을 무너뜨릴 수 있기 때문이다.

1029

깨달음이란

내가 가진 사랑의 폭과 깊이가 무한대로 커지는 일이다.

내 안을 끝없이 확장시켜

무한한 사랑이 처음부터 내 안에 있었음을 발견하는 일이다.

1030

신의 눈으로 보고, 신의 마음으로 느끼고,

신의 의식으로 깨어서 살아가는 것!

그것이 깨달음이요, 신이 우리에게 바라는 궁극의 뜻이다.

1031

의식 수준을 최대한 높이는 것

이것이 가장 중요한 인생의 과제다.

삶의 더 큰 이해와 지혜와 해결책은 모두

더 높은 의식의 고도(高度)에서 나오는 것이다.

1032

인류의 종교는 신에 대한 세뇌의 과정이거나

인간을 신격화하는 세뇌의 과정이었다.

종교적 신념은 신이라는 이미지에 매달리게 만드는

깊은 최면에 불과하다.

1033

자신이 믿는 종교에 대해 확고한 신념을 가지는 것은

어떤 면에서 영적인 것이 아니라 도리어 그 반대다.

그런 관념적 고착과 편향을 다 내려놓는 것이 영성의 시작점이다.

1034

모든 종교로부터, 모든 관념으로부터 벗어날 때,

드넓은 내면의 하늘이 펼쳐진다.

그것은 모든 것을 여는 무경계의 빗장이기 때문이다.

1035

마음은 내 안에 놓인

나를 가두는 가장 커다란 미로다.

그 미로를 다 빠져나오는 것이 깨달음이요, 해탈이다.

1036

마음을 비운다는 것은

모든 것을 받아들일 수 있을 만큼 마음의 폭이 커진다는 뜻이다.

사람은 마음의 폭이 커지면 커질수록 더 초연해지고 자유로워진다.

1037

완전한 수용 속에 완전한 만족이 있고,

완전한 만족 속에 완전한 자유가 있고,

완전한 자유 속에 완전한 평화가 있고,

완전한 평화 속에 완전한 진리가 있다.

1038

삶의 모든 고통은 욕망의 좌절 때문에 생긴다.

욕망의 짐을 다 내려놓고 모든 집착에서 초연한 상태,

즉 '무저항의 절대수용'이 대자유의 입구인 것은 바로 이 때문이다.

1039

절대수용과 절대긍정은

깨달음의 가장 좋은 열쇠이거나 혹은 유일한 열쇠일 것이다.

깨달음이란 마음의 폭과 테두리가 무한히 넓어지는 일이기 때문이다.

1041

어떤 종교가 서로를 사랑하는 데 장애가 된다면

그 종교는 버려야 한다.

어떤 이념이 서로를 사랑하는 데 장애가 된다면

그 이념은 버려야 한다.

어떤 종교도, 어떤 이념도 결코 '사랑'이라는 존재의

이유보다 앞설 수는 없다.

1042

조건 없는 사랑을 지향하지 않는 종교는 모두

진리의 이단일 뿐이다.

조건 없는 사랑을 지향하지 않는 사유는 모두

에고의 우상일 뿐이다.

1043

정치든 종교든 분파들은 저마다 자신이 옳다고 야단이다.

하지만 사랑이나 진리에는 그 어떤 분파도 존재하지 않는다.

1044

종교는 의식의 우물과 같다.

나름 깊이를 가지고 있지만,

폭이 좁고 시야와 출구가 한 방향밖에 없어서

수많은 사람들을 좌정관천(坐井觀天)하게 만든다.

1045

신이란 언제 어디서나 초종교적인 것이다.

만약 신이 초종교적이지 않다면

그 신은 어떠한 이름으로 불리든 잡신에 불과할 것이다.

1046

나는 천지의 마음 안에 있고, 천지는 나의 마음 안에 있다.

나는 신의 영혼 안에 있고, 신의 영혼은 내 안에 있다.

나는 천지의 마음과 신의 영혼을 비추는 무한의 거울이다.

1047

신는 그 누구도 제외시키지 않는다.

그것은 사랑과 생명 존중의 기본 섭리이기 때문이다.

제외를 선호하는 것은 오직 에고의 마음뿐이다.

1048

나와 신과의 관계는 나와 내 내면과의 관계이다.

그것은 내 안의 무한한 사랑과 평화를 깨우는 것이며,

그것이 모든 것과 연결될 수 있도록 긴밀하게 소통하는 일이다.

1049

영성의 본질은 '조건 없는 수용과 사랑'에 있다.

그것은 언제나 모든 이념과 종교와 문화를 초월한다.

때문에 영성이란 시공을 넘어 늘 본질적으로 완전히 동일한 것이다.

1050

바람은 지나가도 산은 그대로 머문다.

강물은 지나가도 대지는 그대로 머문다.

구름은 지나가도 하늘은 그대로 머문다.

모든 것이 다 지나가도 진리는 그대로 머문다.

모든 것이 다 지나가도 영원은 그대로 머문다.

원래는 1,000개를 쓰는 것이 제 목표였으나, 쓰고 보니 1,000개가
넘어서 이 또한 함께 다 수록합니다.

내 글들 앞에 부끄럽지 않도록
하루하루 나를 혁명케 하며 살아야겠다는
생각을 해보았습니다.

생을 다 살고 나서 지난 일들을 되돌아볼 때
내가 그 순간들에 한쪽 다리만 걸치고 있었던 것이 아니라
온전히 나 자신을 바치기 위해 최선을 다했음을 느끼길 바랍니다.

-엘리자베스 퀴블러 로스

       저는 **아포리즘**을 사랑하는 아포리즘 작가로서, 아포리즘을 통해 저만의 사색과 철학을 하고자 했습니다. 그래서 저는 늘 아포리즘을 통해 생각의 문을 열어주는 생각, 사념의 울타리를 벗어나게 하는 생각을 하고자 했습니다. 다람쥐가 사시사철 도토리를 모으듯 홀로 애틋한 마음으로 가졌으니, 이 글들은 모두 그러한 사색과 바람의 발돋움 끝에 얻어진 것이라 하겠습니다.

       이 책의 원고를 다 쓰고도 글이 덜 숙성된 것 같아, 퇴고를 더 잘하고 싶어 1년이나 묵혀 두었습니다. 글을 고치고 또 고치면서 내가 떠올린 '뜻깊은 생각'만큼 내 행동이 턱없이 따라가지 못함을 절실히 느끼

게 됩니다. '행하는 만큼만 외쳐라'는 어느 시인의 곧고 매서운 말이 떠오릅니다.

그럼에도 제가 글이라는 호수 위에 띄워 올린 물결 같은 생각들 때문에 저를 되돌아보게 되고, 생각했던 것을 다시금 숙고하고 음미하게 됨을 느낍니다. 그래서 이 글들을 다시 읽고 퇴고하면서 내 글들 앞에 부끄럽지 않도록 하루하루 나를 혁명케 하며 살아야겠다는 생각을 해 보았습니다. 이것이 설령 너무 과한 이상일지라도 좌우명은 삶의 좌표가 되는 법이니까, 좌표를 부끄러워하기보다 매일매일 좌표 앞에 무릎 굻고 기도하는 마음으로 살고자 합니다.

지인(至人)이란 지극한 사람이요, 치열한 사람이요, 따뜻한 사람이요, 깨끗하고 순수한 사람이요, 균형이 잘 잡힌 사람이요, 그리고 무엇보다 초연하고 자유로운 사람일 것입니다. 지인은 쉽게 말해 '좋은 사람'일 것이니, 인생에서 그런 사람을 많이 만날 수 있다면 얼마나 큰 행운일까요! 퇴고를 끝내며 '지인에 가까워지는 것'을 남은 생에 삶의 목표로 삼고, 지금보다 한 발짝이라도 더 그런 경지에 가까워졌으면 하는 바람을 가져봅니다. 아울러 남은 생 동안 그런 멋진 사람을 조금이라도 더 많이 만날 수 있기를 바래봅니다. 🌿